图书馆事业发展与学科建设定量研究

TUSHUGUAN SHIYE FAZHAN
YU XUEKE JIANSHE DINGLIANG YANJIU

张垒◎著

新华出版社

图书在版编目（CIP）数据

图书馆事业发展与学科建设定量研究 / 张垒著 .-- 北京：新华出版社，2024.6.

ISBN 978-7-5166-7444-4

Ⅰ . G259.258.9

中国国家版本馆 CIP 数据核字第 2024B7Z148 号

图书馆事业发展与学科建设定量研究

著者：张垒

出版发行：新华出版社有限责任公司

　　　　　　（北京市石景山区京原路 8 号　邮编：100040）

印刷：北京明恒达印务有限公司

成品尺寸：170mm×240mm　1/16　　　印张：13　　字数：160 千字

版次：2024 年 6 月第 1 版　　　　　　印次：2024 年 6 月第 1 次印刷

书号：ISBN 978-7-5166-7444-4　　　　定价：80.00 元

微店　　　视频号小店　　　抖店　　　京东旗舰店　　　请加我的企业微信

微信公众号　　　喜马拉雅　　　小红书　　　淘宝旗舰店　　　扫码添加专属客服

前　言

　　图书馆学作为一门在图书馆实践中产生的学科，其发展的基础来源于图书馆事业的发展，而其自身的发展又为图书馆事业的发展提供必要的资源要素。对二者之间关系的研究对于指导图书馆学科建设和推动图书馆事业发展具有重要的科学价值和实践意义，也是学者关注和争论的焦点，尤其是近些年，新时代图情档学科建设与图书馆事业高质量发展已成为学者研究热点。

　　目前理论界对二者关系的研究主要存在三种观点：一是图书馆学教育促进图书馆事业发展。表现为图书馆学科建设为图书馆事业发展提供理论指导、技术支持和人才支撑。二是图书馆事业发展对图书馆学教育的反哺作用。表现为图书馆事业发展促使图书馆学科建设结构调整和变革。三是图书馆学教育与图书馆事业发展的背离。这种背离一方面表现为图书馆学教育与图书馆事业发展不协调，另一方面是图书馆学教育与图书馆事业发展严重脱节。上述研究为本书研究图书馆学科建设与事业发展之间的关系提供了前期基础，但也存在一些不足，目前的定性分析与研究，不能科学地认识二者之间的关系，也无法为图书馆学科建设与图书馆事业发展之间的关系提供精准的对策。基于此，从量化的角度考察二者之间的关系成为本书的基本逻辑和出发点，在对图书馆学科建设与图书馆事业发展不同阶段互动发展关系分析基础上，本书重点定量研究二者发展关系的协整性、稳定性，以及定量测算图书馆学科建设对图书馆事业发展的贡献和学科建设与事业发展系统效率。

本书的主要内容共有十章。

第一章绪论，主要介绍了研究目的、意义、现状、研究目标、重点难点、研究思路和研究方法。

第二章介绍学科建设与图书馆事业发展的基础理论，包括学科内涵、学科分类、学科建设，学科与专业关系，学科与大学发展，图书馆学学科内涵、性质、体系、成就地位等学科理论，图书馆事业发展理论，学科建设与产业经济发展，高等教育与经济增长理论。

第三章是图书馆学、图书馆事业发展状况。从政策保障、学科建设、人才培养、科研成果、教材与刊物建设、学会、协会建设等方面梳理了我国图书馆学建设的基本情况。从图书馆资源建设、从业人数、经费、数量、服务社会能力、人才培养等不同角度和阶段梳理了图书馆事业发展情况。

第四章是图书馆学科建设与图书馆事业发展的互动关系分析。基于时间序列分析在图书馆事业发展的各个历史阶段中，图书馆学教育发展的状况，探讨图书馆学教育与图书馆事业发展的互动关系。通过对二者互动关系机理的探讨，认为两者的互动关系具有四个不同的发展阶段和模式：互动萌芽、互动发展、互动相悖和互动融合阶段。二者互动发展中存在的问题主要表现为：图书馆事业发展对图书馆学科建设带动力有限、图书馆学教育社会化程度低、图书馆学新兴交叉学科发展滞后、图书馆学科集群效应小。

第五章以学科知识体系生长逻辑及与图书馆事业发展关系应用逻辑为视角，研究图书馆学学科结构的逻辑嬗变，揭示学科发展规律，阐释新时代图书馆事业高质量发展与图书馆一流学科建设关系逻辑生成过程。学科逻辑演变路径为：受图书馆事业发展应用逻辑主导的学科建设阶段、遵循学科逻辑的图书馆学科发展阶段、学科逻辑与应用逻辑同构共生的图书馆学科发展阶段、图书馆学科建设与图书馆事业发展高质量耦合阶段。新时代图书馆学科建设与图书馆事业发展关系重构，必须转变学科建设逻辑哲学、重塑高质量的学科建设与事业发展松散耦合关系，以新时代图书馆事业新使命增强图书馆学科建设外部适切性，以新技术、新业态、新环境增强图书馆学科建设内部适切性。

第六章是图书馆事业发展综合水平指数测度。测度图书馆事业发展水平指数为量化研究图书馆学科建设与图书馆事业发展的关系打基础。通过对图书馆事业发展水平内涵界定、评价模型分析，构建了包括图书馆事业投入、图书馆事业产出、图书馆事业发展环境、图书馆事业发展效益和图书馆事业发展新技术利用五个方面封闭式的具有反馈功能的逻辑评价系统，并对图书馆事业发展水平指数进行测度。结果显示图书馆事业发展综合水平指数整体呈上升趋势，表现为图书馆事业发展投入持续增加、产出规模不断扩大、发展环境得到改善、服务社会的能力不断提升和利用新技术的能力不断增强。但也存在整体发展有波动、图书馆事业发展技术意识环境差、图书馆事业占文化事业和公共财政的比例下降等问题。

第七章是图书馆学科建设与图书馆事业发展协整分析。通过选取图书馆人才、知识和图书馆事业发展水平指数变量，利用协整理论探讨二者长期的稳定均衡关系和相互作用。结果表明，二者虽具有很强的关联性，但在长期互动发展中并不具有稳定性和因果关系。

　　第八章是图书馆学科建设对图书馆事业发展贡献测度。利用2001—2014年的数据，定量测算图书馆学科建设对图书馆事业发展的贡献率。通过构建以图书馆事业发展水平指数为产出要素，以图书馆资本投入、图书馆专业人才投入、非图书馆专业人才投入、图书馆专业技术投入、非图书馆专业技术投入五种变量为投入要素的图书馆事业发展函数模型。结果表明，图书馆学对图书馆事业发展的贡献率为16.94%，其中专业人才的贡献率仅为0.35%，专业技术贡献率为16.59%。资本和技术是推动图书馆事业发展的主要因素，人才是突破图书馆事业发展的瓶颈。

　　第九章通过效率评价和影响因素分析来探讨图书馆学科建设与图书馆事业协调发展，对优化学科建设和促进事业发展均具有重要意义。基于产业链视角论述了图书馆学科建设与图书馆事业发展具有上下游产业链关系的动态博弈演变过程，构建了图书馆学科—事业两阶段系统模型，并运用DEA和Tobit回归模型测算效率、分析影响因素。研究表明：图书馆学科建设效率稳定。图书馆事业发展效率基本优化。图书馆学科—事业两阶段系统的整体效率虽稳中有增，但要低于各分阶段的效率。目前学科建设与事业发展还处于动态博弈的过程，并没有达到均衡策略。社会需求和二者的协调发展是提高学科建设与事业发展整体运行效率的关键，任何单方面地提高某一个阶段的投入、产出，都不能提高整体运行效率，反而会阻碍协调发展的效率。

　　第十章基于新时代一流学科建设与图书馆事业高质量发展新阶段，从学科建设与事业发展一体化发展规划、优化图书馆学专业人才、精准定位图书馆学科建设、促进图书馆学科交叉融合等提出图书馆学科建设与事业协同发展的政策建议。

　　本书首先丰富和完善了学科建设与事业发展关系的量化研究理论，有利于科学认识图书馆事业发展与图书馆学科建设的关系，对于指导图书馆学科建设和图书馆事业发展以及协调二者之间的关系都有重要实际价值。需要指出的是，我国图书馆事业涵盖多个行业系统，图书馆类型也多样，为本书的定量研究增加了难度。因此，定量研究数据只采取高校图书馆、公共图书馆这两大主要类型图书馆的数据，研究的全面性难免会受到限制。加之笔者的专业视野和研究能力，本书难免有不完整、不科学的地方，恳请各位专家不吝批评指正。笔者在撰写过程中参阅和引用了许多学者的研究成果，为本书提供了丰富的素材，并以脚注和参考文献的形式进行标注，但难免有疏忽遗漏，在此表示由衷的谢意。

　　本书是笔者在教育部人文社会科学研究青年基金项目"图书馆学对图书馆事业发展贡献定量研究"（15YJC870027）系列研究成果基础上的整理与升华。此研究笔者花费五年心血，从定量视角对图书馆学科建设与图书馆事业发展关系进行多角度分析与阐释，为读者科学认识图书馆业界和学界的关系尽一份微薄之力。

张垒

2024 年 2 月

目　录

Chapter 1

绪　论

　　一种事业，发展到一定程度，便会产生一种系统理论。有了系统理论，就能促进事业的发达，事业才能迅速地进步。这是各种事业的通例，图书馆事业也不例外。这段话很好地阐释了图书馆学科教育与图书馆事业发展的关系。二者之间关系的研究对于指导图书馆学科建设和推动图书馆事业发展具有科学价值，因此，引起学者的广泛关注与争论。

▷ 1.1 研究目的和意义

　　科学认识图书馆学科与图书馆事业发展之间的关系是促进图书馆学科建设和图书馆事业协调发展的关键，但实践中关于二者之间关系的量化研究认识上还不够清晰，理论上还不够成熟和完善。基于二者关系协整性分析、定量测度图书馆学科建设对图书馆事业发展贡献率和二者运行效率对于正确认识二者之间的关系，促进二者相互协调发展具有重要的理论意义和实际意义。

　　理论价值：本书的理论价值首先在于丰富和完善了学科建设与事业发展关系的量化研究理论。长期以来关于图书馆学科建设与图书馆事业发展关系的研究多为定性研究，缺乏量化考核。本书为科学认识二者之间的关系提供理论分析基础，同时对别的学科建设与事业发展具有借鉴意义。其次对于如何通过优化图书馆学科建设来适应图书馆事业发展提供了新的视野，从更深层面探讨二者协同发展的关系。

实际应用价值：本书的实际意义在于通过量化研究二者在长期发展变革中的互动与背离，科学认识二者之间的关系。通过量化测度学科建设对图书馆事业发展的贡献，科学认识图书馆学科建设是如何促进图书馆事业发展的以及影响大小。无论对于指导图书馆学科建设，还是促进图书馆事业发展或者协调二者之间的关系都有重要实际价值。

▷ 1.2 研究现状

改革开放以来，在党和政府的高度重视下，我国图书馆事业进入了崭新的发展阶段，图书馆数量迅猛增加，图书馆建筑面积、阅览座席、馆藏文献数量稳步增长，计算机设备、网络设施水平明显改善。尤其在20世纪90年代，随着现代信息技术的发展，数字图书馆应运而生，图书馆事业进入一个崭新的发展阶段。然而，与高涨发展的图书馆事业相比，图书馆学教育却出现了低落和逆流现象。曾经在20世纪80年代伴随着图书馆事业不断发展而复苏、兴盛的图书馆学教育，为什么现在出现低落下滑现象，学者从各方面进行了剖析。程焕文[①]认为是图书馆学科发展的随波逐流、见异思迁、自惭形秽和妄自菲

---

① 程焕文. 高涨的事业与低落的教育——关于图书馆学教育逆向发展的思考 [J]. 中国图书馆学报，2001（1）：67-70.

薄，不能适应图书馆事业发展的需求。王京山、王锦贵 [1] 认为是社会发展对图书馆学发展造成了冲击，是转型时期的必然现象，其演变具有合理性和必然性。基于二者之间关系的研究引起了学者的广泛关注与争论。国内外同行关于二者之间关系的研究主要有以下三种观点。

图书馆学教育促进图书馆事业发展。王子舟 [2] 认为图书馆学教育作为一门系统研究图书馆活动基本规律和方法的科学，是图书馆职业稳定发展的支撑，是图书馆学事业发展的重要基石。中国图书馆学几十年的教育，为中国图书馆事业的发展作出了巨大贡献。

图书馆学教育对图书馆事业发展的贡献主要表现在三个方面：一是图书馆学理论研究对图书馆事业发展的指导。从著名图书馆学家阮冈纳赞的图书馆学五定律，到美国著名的图书馆学专家克劳福特和戈曼的图书馆学新五律；从图书馆核心价值、图书馆权利的研究，到分类法、主题法等理论研究推动了图书馆管理的科学化和规范化。外国学者 Hernon 和 Schwartz [3] 认为图书馆学术研究对图书馆职业发展至关重要。我国学者廖子良 [4] 认为图书馆学教育对图书馆事业发展具有指导和促进作用，图书馆学理论指导图书馆实际工作。

二是图书馆学相关新技术的出现推动图书馆事业现代化进程。图

[1] 王京山，王锦贵. 对图书馆事业与图书馆学教育的重新审视［J］. 图书馆学研究，2002（5）：5-7.

[2] 王子舟. 中国图书馆学教育九十年回望与反思［J］. 中国图书馆学报，2009（6）：70-78，96.

[3] Hernon P., Schwartz C. Library and Information Science Research: What Do We Need?[J]. Library & Information Science Research, 1993（15）：115-116.

[4] 廖子良. 图书馆学理论建设与图书馆事业建设的关系［J］. 图书馆界，1992（1）：1-5.

书馆自动化软件的开发、数字图书馆的研究、数字资源保存的研究、物联网技术、大数据技术、微博、微信平台研究等推动图书馆数字化建设和智能化建设。范并思、李超平[1]认为图书馆事业发展的良好态势与信息技术的应用有关。

三是图书馆学教育为图书馆事业发展提供人才支持。彭斐章、谢灼华[2]认为图书馆学教育的基本任务就是通过培训图书馆事业的管理人才和专业干部推动图书馆事业的发展。白华[3]认为图书馆学教育通过输送人才，补充和改变图书馆的人才结构，从而促进图书馆事业的发展。

图书馆事业发展对图书馆学教育的反哺作用。图书馆事业发展对图书馆学教育的反向促进作用表现在图书馆事业的快速发展要求图书馆学教育不断变革。这种变革要求图书馆学教育通过改变教学模式、课程设置、教学内容，采用现代化的教学手段，建立多层次、完善的图书馆学教育体制等培养适合新时期图书馆事业发展的专业应用型人才。王子舟[4]认为未来图书馆事业大发展必将给图书馆学教育带来十分难得的发展机遇。柯平[5]认为图书馆事业的发展决定了图书馆学的

① 范并思，李超平.在新的信息与技术环境中感受图书馆的律动——2008年的中外图书馆事业和理论研究［J］.中国图书馆学报，2009，35（3）：59-73.

② 彭斐章，谢灼华.评建国四十年来的图书馆学教育［J］.武汉大学学报（社会科学版），1989（3）：110-115，95.

③ 白华.图书馆事业的发展与图书馆学专业教育［J］.河南图书馆学刊，1990（1）：9-11.

④ 王子舟.中国图书馆学教育九十年回望与反思［J］.中国图书馆学报，2009（6）：70-78，96.

⑤ 柯平.美国图书馆事业的现状与趋势［J］.图书馆学研究，2001（1）：81-90.

研究实际问题和理论体系。图书馆事业的发展速度、规模和方向，影响和决定着图书馆学教育的速度、办学规模和发展方向。图书馆的工作内容决定着图书馆学教育专业设置的结构。图书馆的工作方法、管理水平等也必然会影响到图书馆学的课程设置结构和内容。当然，也存在反向反哺作用，图书馆事业的危机也导致图书情报理论的危机。范并思①、谭祥金②认为20世纪80年代后期的图书馆事业发展不能适应市场经济的发展导致图书情报学受到严重冲击，基础理论研究滑坡，学术刊物停办、生源减少、就业困难等。

图书馆学教育与图书馆事业发展的背离。这种背离表现在两个方面：一是图书馆学教育与图书馆事业发展不协调。程焕文③、马坤等认为，随着信息技术的发展，国内的图书馆事业焕发出勃勃生机，而在图书馆事业迅速发展的同时，图书馆学教育却在不断地萎缩，其学科地位不断下降，教育规模缩小、招生就业难、教育层次不合理。与程焕文认识截然相反的王京山和王锦贵④认为图书馆学教育不断发展和前进，初步建立起较为科学的教学和科研体系，而图书馆事业发展却面临专业人才流失的窘境。

二是图书馆学教育与图书馆事业发展严重脱节。美国学者认为

---

① 范并思. 图书馆学理论道路的迷茫、艰辛与光荣——中国图书馆学暨《中国图书馆学报》六十年 [J]. 中国图书馆学报, 2017（1）：4-16.

② 谭祥金. 中国图书馆学教育面临的挑战与机遇 [J]. 图书与情报, 1994（1）：48-51.

③ 程焕文. 高涨的事业与低落的教育——关于图书馆学教育逆向发展的思考 [J]. 中国图书馆学报, 2001（1）：67-70.

④ 王京山, 王锦贵. 对图书馆事业与图书馆学教育的重新审视 [J]. 图书馆学研究, 2002（5）：5-7.

美国的图书馆学教育已经抛弃了图书馆职业，二者之间的差距越来越大。M. Paris 认为美国图书馆学科课程设置过于陈旧，与图书馆事业脱节，导致美国图书馆学教育出现改名、关闭、重组等现象。而中国也不例外，我国学者周礼智[①]认为图书馆学研究与实践严重脱节。一方面是玄而又玄的图书馆学理论正超前发展，另一方面是具有实际价值的图书馆学理论被图书馆实践甩在了后面。我国正面临着图书馆现代化需要大量人才和无人愿意报读图书馆学专业的矛盾。毕强[②]认为图书馆学教育与图书馆的所有矛盾和悖论在于对图书馆学科认识存在误差，把图书馆学看成"图书馆"的学科，而没有认识到其是一门知识学科。

以上三种观点是目前国内外对图书馆学教育与图书馆事业发展关系定性研究的总结。在二者关系定量研究方面，已有学者试图定量研究美国图书馆学教育对图书馆事业发展的贡献，但也仅限于图书馆学教育为图书馆事业发展提供的人才贡献。未来，随着数据科学研究的深化，量化研究二者之间的关系必将成为新的研究趋势。

综上所述，虽然国内外对图书馆学教育与图书馆事业发展的关系进行了诸多研究，也都认为两者存在相互影响的关系。但上述研究多从定性角度描述二者的关系，没有量化研究二者关系发展演化的科学规律。图书馆学科教育水平是否与图书馆事业发展存在正相关关系，这种关系是否长期稳定，而图书馆事业的发展水平是否影响着图书馆

---

① 周礼智. 现代图书馆事业的发展对图书馆学研究的挑战 [J]. 图书馆学刊, 1992 (1)：7-10.

② 毕强. 悖论的价值：关于我国图书馆学教育的思辨 [J]. 图书情报工作, 2011 (15)：32-36.

学教育的发展水平，二者是否具有因果关系。基于此，本书借鉴学科结构与产业结构的关系理论，利用协整理论、生产函数理论量化研究二者协整性以及图书馆学教育对于图书馆事业发展的贡献和二者整体运行效率评价。

▶ 1.3 研究目标

本书的总体目标是从学科结构与产业发展视角量化研究图书馆学与图书馆事业发展之间的关系。基于这一总体目标提出以下三个具体目标。

（1）验证二者之间的协整性、因果关系。利用协整理论、格兰杰因果关系检验等方法，检验图书馆学与图书馆事业发展之间是否具有长期稳定性、适应性和协调性，以及二者是否存在因果关系。

（2）测度学科建设对于图书馆事业发展的贡献度及图书馆学科建设与图书馆事业发展运行效率。基于经典的柯布－道格拉斯生产函数构建以图书馆事业劳动力投入、图书馆事业资本投入和图书馆事业技术投入为投入要素，以图书馆事业发展水平指数为产出要素的图书馆事业发展函数模型，探讨各投入要素对图书馆事业发展水平指数的贡献。通过在劳动力投入和技术投入要素中分解出图书馆学科建设的贡献成分，进而测度图书馆学教育对图书馆事业发展的贡献。

（3）定量测度图书馆学科建设与图书馆事业发展博弈演变效率。基于产业链视角论述了图书馆学科建设与图书馆事业发展具有上下游产业链关系的动态博弈演变过程，构建了图书馆学科—事业两阶段系统模型，并运用 DEA 和 Tobit 回归模型测算效率、分析影响因素。

▶ 1.4 研究重点和难点

本书的重点是量化研究图书馆学与图书馆事业发展之间的关系。主要包括以下几个方面。

（1）二者互动关系机理分析。基于时间序列分析二者在长期互动发展过程中的博弈关系及其关系内在逻辑。

（2）图书馆学科建设与图书馆事业发展之间的协整关系、因果关系检验。通过平稳性检验、协整检验、格兰杰因果关系检验，验证二者之间是否存在协整关系，是否互为因果关系。

（3）图书馆学科建设对图书馆事业发展的贡献测度。通过构建图书馆事业发展生产函数模型，测度图书馆学科建设对图书馆事业发展的贡献。

（4）图书馆学科建设与图书馆发展动态博弈演变效率分析。通过效率评价和影响因素分析来探讨图书馆学科建设与图书馆事业协调发展，无论对于优化学科建设还是促进事业发展都具有重要意义。

本书的难点在于：一是指标的选取。图书馆学和图书馆事业都是有着丰富内涵的综合性概念，其表征指标的选取对于研究的科学性至关重要，但在构建时不仅要考虑到指标选择的科学性，还要考虑到指标的可获得性。因此，指标的选取是本书的难点之一。在二者之间协整关系检验中，图书馆学科建设的表征指标变量选择图书馆学毕业生人数。在测量图书馆学科建设对图书馆事业贡献度时，图书馆学科建设的水平除了考虑图书馆教育的规模水平，也要考虑图书馆教育的质量因素，因此选择图书馆学毕业生人数、图书馆科研产出等两个指标。而对于图书馆事业发展水平指标，本书从图书馆事业投入、图书馆事业产出、图书馆事业发展环境、图书馆事业服务效益等几个方面建立多层次的测评体系，考察图书馆事业综合发展水平。二是数据的收集、处理。数据收集和处理将是本书面临的又一个难点，由于图书馆事实数据库的不全以及各种统计数据不直接，造成数据收集处理的困难。

▶ 1.5 研究思路

本书借鉴高等教育与产业结构发展、学科结构与产业结构的关系等理论，从经济学视角，综合运用情报学、经济学、统计学等诸多领域的原理和知识，紧紧围绕"图书馆学科建设与图书馆事业发展关系"这一主线展开研究。首先介绍了学科建设与事业发展的基础理论；接着回顾和梳理了我国图书馆学教育和图书馆事业发展的历史变革、发展现状；然后分析两者之间的互动关系以及在图书馆事业发展视角下学科建设的逻辑；随后在对图书馆事业发展水平内涵进行界定的基础上，借鉴国内外关于图书馆事业发展水平测评方法，构建了图书馆事业发展水平综合测评方法，进行测评；在此基础上选取表征指标，对图书馆学科建设与图书馆事业发展的关联性、协整性进行实证分析，并通过构建图书馆事业发展水平生产函数模型，测算图书馆学科建设对于图书馆事业发展的贡献；接着构建了图书馆学科建设与事业发展两阶段动态博弈系统对其运行效率和影响因素进行分析；最后，基于以上分析提出协调二者发展的思路与对策。研究思路图见图 1-1。

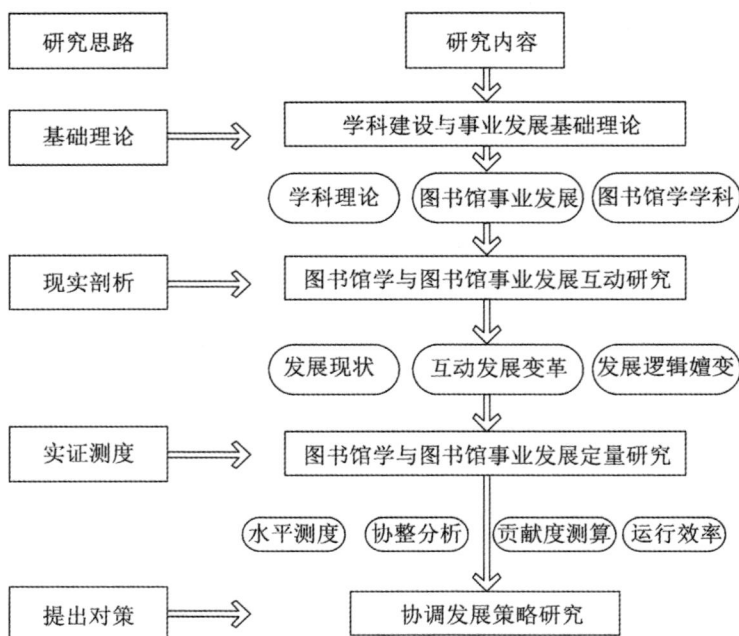

图 1-1　研究思路图

▶ 1.6 研究方法

（1）文献调研法：基于文献调研，总结梳理图书馆学和图书馆事业发展的历程、现状和国内外关于图书馆事业发展水平的测度。

（2）统计分析法：在研究图书馆学与图书馆事业发展关系时，通过选取适当的指标作为衡量结构特征的变量，利用关联分析法、协整关系理论、因果检验法、效率评价，借助于 Eviews、SPSS、DEA 等统计软件对选取的指标进行定量研究。

（3）建模分析法：在对图书馆事业发展水平指数进行测度时本书构建了一个包含 5 个一级指标、10 个二级指标、29 个三个级指标的综合测评指标模型进行测评。在测算图书馆学对图书馆事业发展的贡献度时，本书构建了图书馆事业发展水平生产函数模型进行测度。在对图书馆学科建设与事业发展整体运行效率评价中构建了图书馆学科—事业两阶段系统模型来阐释二者在互动发展过程中的动态博弈关系，并运用 DEA 和 Tobit 回归模型测算效率、分析影响因素。

Chapter **2**

学科建设与事业发展基础理论

▶ 2.1 学科理论

2.1.1　学科内涵

学科是一个具有丰富历史范畴的概念，随着科学发展，其被不断赋予新的内涵，外延也不断扩大。无论是最初的希腊文起源 didasko、拉丁文 disco，还是中国古代唐宋时期的科举考试学业科目[①]，其概念演化包括知识、学者、科学领域、科目门类、学业科目等知识学问的分类和教学的科目。经过学者的研究总结，学科在发展过程中形成了几个不同内涵的定义和学说。包括教学科目说、学术分支说、科学分支说、组织说[②]、规训说[③]。（教学科目说、学术分支说、科学分支说又被翟亚军总结为知识说，在学科概念的界定中知识说一直是主导，如黑克豪森将学科界定为一种系统化的知识体系。组织说认为学科是一群学者围绕知识创造、传递、应用活动组成的系统。规训说认为学科知识不是自发形成的，在知识生产中有一种权利制度通过对研究主

---

① 杨天平. 学科概念的沿演与指谓［J］. 大学教育科学，2004（1）：13-15.
② 宣勇，凌健. "学科"考辨［J］. 高等教育研究，2006（4）：18-23.
③ 翟亚军. 大学学科建设模式研究［D］. 合肥：中国科学技术大学，2007.

体、研究对象、研究载体、研究方法以及学科新人的控制规约学科的发展。)

有关学科的概念包括：一是一定科学领域或一门科学的分支；二是按照学问的性质而划分的门类；三是学校考试或教学的科目；四是相对独立的知识体系；五是制度化了的社会形态；六是学术类型、组织机构和文化知识形态与组织形态的统一体[①]；七是知识体系、精神规范、研究组织、社会分工。

对于高等院校来说，学科是知识形态与组织形态的共同体，是大学开展教学、科研和社会服务的基本单元。知识形态体现知识体系的科目和分支，组织形态体现高校开展教学、科研等活动的基本单位和组织，是高校职能实现的平台。

2.1.2 学科分类

对知识进行分类是学科产生的重要内涵，学科再按照一定的标准细分就是学科分类。就科学发展的历史来看，分科治学是推动科学发展的重要理念。从古希腊哲学家柏拉图、亚里士多德起就产生了知识分类的思想，柏拉图将知识分为理性知识、物理知识、伦理知识。亚里士多德将知识分类体系分为理论知识（逻辑学、物理学、数学、形而上学）、实践哲学（伦理学、经济学、政治学）、创造哲学（史学、修辞学、艺术）三大门类。我国最早在殷周时期就出现了知识分类的萌芽。如"六艺"：礼、乐、射、御、书、数。我国古代著名的知识分类成果主要有：孔子的"六经"，汉代刘向、刘歆父子编制的我国

---

① 宣勇. 论大学学科组织 [J]. 科学学与科学技术管理，2002（5）：30–33.

第一部大型分类目录《七略》和清代的《四库全书总目》等。

近代对科学知识进行分类始于 17 世纪英国哲学家培根，他把知识分为历史、诗歌、哲学与神学三类。此时哲学中既包括自然科学，也包括社会科学。19 世纪，恩格斯根据物质运动变化的形式把科学分为力学、物理学、化学、生物学和社会科学五大部类。19 世纪末到 20 世纪初，现代科学在微观和宏观层面得到了充分发展，一方面学科分化愈来愈细，学科门类愈来愈多；另一方面各学科之间相互关联越来越密切，边缘学科、交叉学科、综合学科兴起。

目前比较常用的学科分类目录有：《学位授予和人才培养学科目录》，先后经过 1990 年、1997 年、2001 年、2011 年 4 次调整，2018 年更新，学科门类也由 10 个增加到 13 个，一级学科由 63 个增加到 110 个。学科门类包括哲学、经济学、法学、教育学、文学、历史学、理学、工学、农学、医学、军事学、管理学、艺术学。

《学科分类与代码表》国家标准，依据学科研究对象、研究特征、研究方法、学科的派生来源、研究目的和目标规定了学科分类原则、学科分类依据、编码方法，以及学科的分类体系和代码，经历 1992 年版、2009 年版，以及 2011 年和 2016 年修改，将学科分为自然科学、农业科学、医药科学、工程与技术科学、人文与社会科学五大类，包含 62 个一级学科。

《中国图书馆分类法》以学科分类为基础，结合图书资料的内容和特点，分成马列毛邓、哲学、社会科学、自然科学、综合性图书五大部类和 A 马克思主义、列宁主义、毛泽东思想、邓小平理论；B 哲学、宗教；C 社会科学总论；D 政治、法律；E 军事；F 经济；G 文化、科学、教育、体育；H 语言、文字；I 文学；J 艺术；K 历史、地理；

N 自然科学总论；O 数理科学和化学；P 天文学、地球科学；Q 生物科学；R 医药、卫生；S 农业科学；T 工业技术；U 交通运输；V 航空、航天；X 环境科学、安全科学；Z 综合性图书等 22 个大类。

自然科学基金委员会申请代码分成 8 大部类，92 个一级学科。8 大部类包括：数理科学部、化学科学部、生命科学部、地球科学部、工程与材料科学部、信息科学部、管理科学部、医学科学部。

ESI 将学科划分为理学、工学、生命科学、社会科学、农学、医学、综合交叉七大门类，下设 22 个学科。生物学与生物化学、化学、计算机科学、经济与商业、工程学、地球科学、材料科学、数学、综合交叉学科、物理学、社会科学总论、空间科学、农业科学、临床医学、分子生物学与遗传学、神经系统学与行为学、免疫学、精神病学与心理学、微生物学、环境科学与生态学、植物学与动物学、药理学与毒理学。

美国新闻与世界报道公司推出 USnews 学科排名，将学科分成硬科学、软科学和艺术与人文三大门类，包括农学、生物学与生物化学、化学、临床医学、环境生态学、地球科学、免疫学、材料科学、微生物学、分子生物学与遗传学、神经科学与行为学、药理学与毒理学、物理、植物学与动物学、精神病学与心理学、空间科学计算机科学、经济学与商学、工程学、数学、社会科学与公共卫生、艺术与人文等学科。

QS 公司发布的 QS 学科排名，基于爱思唯尔旗下的斯高帕斯数据库，将学科分为自然科学、艺术与人文、社会科学与管理学、工程与技术、生命科学与药学 5 个学科门类。包括人类学、考古学、建筑学、艺术与设计、英语、历史、语言文学、语言学、表演艺术、哲学、宗教学、古典文学与古代史、化学工程、土木工程、计算机科学、电气工程、机械工程、矿产和采矿、农学、生理学、生物学、牙医学、医学、护理学、药学、心理学、兽医学、化学、地球科学、环境科学、地理学、材料科学、数学、物理学和天文学、会计与金融、商业信息、通信、发展研究、经济学、教育学、酒店管理、法学、政治学、社会政策与管理、社会学、统计学、体育科学、图书馆及信息管理等48个学科。

泰晤士高等教育推出的 THE 排名，对 11 个学科领域进行排名，包括艺术与人文学科、商业和经济学、医疗卫生和保健医学、计算机科学、工程与技术、生命科学、自然科学、社会科学、教育学、心理学、法律等 11 类，包括艺术、表演艺术和设计，语言、文学和语言学；历史、哲学和神学；建筑学，考古、商业和管理；会计和金融或商业与经济学；业务与管理和会计与金融（组合）；经济学和计量经济学、医学和牙科、其他健康、计算机科学、一般工程；机械和航空航天工程，土木工程，电气和电子工程；化学工程、农业和林业，生物科学（包括生物化学），兽医科学（包括动物学），运动科学、数学与统计学，物理学和天文学，化学，地质、环境、地球和海洋科学、通信和媒体研究；政治与国际研究（包括开发研究），社会学，地理位置、教育学，教师培训，教育学术研究、心理学；教育、体育、商业、动物心理学；临床心理、法律等 35 个学科领域。

上海软科教育信息咨询有限公司发布的世界大学学术排名（ARWU），将学科分为理学、生命科学、医学、工学和社会科学五大领域，包括数学、物理学、化学、地球科学、地理学、生态学、海洋科学、大气科学、机械工程、电力电子工程、控制科学与工程、通信工程、仪器科学、生物医学工程、计算机科学与工程、土木工程、化学工程、材料科学与工程、纳米科学与技术、能源科学与工程、环境科学与工程、水资源工程、食品科学与工程、生物工程、航空航天工程、船舶与海洋工程、交通运输工程、遥感技术、矿业工程、冶金工程、生物学、基础医学、农学、兽医学、临床医学、公共卫生、口腔医学、护理学、医学技术、药学、经济学、统计学、法学、政治学、社会学、教育学、新闻传播学、心理学、工商管理、金融学、管理学、公共管理、旅游休闲管理、图书情报科学共计 54 个学科领域。

2.1.3 学科建设

学科建设是在我国高等教育改革不断深化过程中形成的一个特色概念，其基础理论研究包括学科建设的内涵、学科建设的内容、学科建设模式等。大学学科建设是人们对大学学科使命、学科性质、学科功能、学科结构、学科文化的基本认识，是对大学学科与外部世界诸元素之间以及内部诸元素之间关系的基本把握。

学科建设的内涵。系统论角度认为学科建设是一个由人、财、物等基本要素组成的具有投入产出的系统工程。[①] 从学科建设内容看是以学科学术性质为核心，集学科方向建设、学科梯队建设、学科基地建设和项目建设于一身的综合性建设。[②] 从学科建设的目标看，学科建设就是按照一定的学科方向，对学术队伍和条件进行规划与建设，

---

① 严东珍.高校学科建设层级互动管理系统模式的应用［J］.江苏高教，2001（6）：79-80.

② 刘开源.高校学科建设中的若干关系探析［J］.黑龙江高教研究，2005（3）：99-101.

从而形成人才培养与科学研究的综合实力。[①]从本质上而言，学科建设的过程是知识的保护、传承与创新的过程，是知识体系的构建、维护与更新的过程。

学科建设内容主要包括学科建设的路径与方法、学科方向的选择、学术队伍的构建、学科结构的调整、学科人才汇聚、学科组织的设置、学科规划的制定探寻路径。从适应科学技术发展的规律和趋势、要适应国家和社会需求、要结合各大学自身的实际、办出特色和水平找方法。大学学科建设的模式既与学科结构、学科布局紧密联系，又与学科建设路径与方法选择密切相关[②]。主要包括"以学校发展定位来规划学科建设的模式、以学科带头人来规划学科建设的模式、现有学科特色优势拓展的学科建设模式以及利用学科交叉融合引领学科建设的模式"[③]。

新时代，为促进我国从高等教育大国向高等教育强国跨越，党中央、国务院做出重大战略决策，建设世界一流大学和一流学科。2015年国务院印发关于《统筹推进世界一流大学和一流学科建设总体方案》，指出要顶层设计推动一批高水平大学和学科进入世界一流行列或前列。2016年，教育部直属高校"十三五"规划编制和中央部门所属高校教育教学改革专项工作视频会中强调将建设一流本科教育纳入"双一流"建设方案。2017年，教育部、财政部、国家发展和改革委员会三部委共同颁布《统筹推进世界一流大学和一流学科建设实施办法

① 田定湘，胡建强.对大学学科建设几个问题的思考［J］.湖南社会科学，2003（2）：114-116.

② 张亚群.高等学校学科建设中的关系链接［J］.江苏高教，2005（5）：90-92.

③ 张雷生，辛立翔.高校学科建设模式研究［J］.中国高教研究，2006（9）：28-29.

（暂行）》，同年，三部委还印发《关于公布世界一流大学和一流学科建设高校及建设学科名单的通知》，公布一流大学建设高校 42 所，一流学科建设高校 95 所。2018 年，三部委印发《关于高等学校加快"双一流"建设的指导意见》，提出了高校"双一流"建设的行动指南、总体方案、实施办法等。2019 年，教育部办公厅公布《关于实施一流本科专业建设"双万计划"的通知》；同年，教育部还发布了《关于一流本科课程建设的实施意见》等相关政策，旨在推进一流本科教育建设，实现"双一流"建设目标。

　　"双一流"背景下，我国的学科建设理论逻辑受到外部社会需求和学科本体需求的双重驱动，其建设成效以提供一流的社会服务和占据学科前沿引领地位为核心特征[①]。学科建设的理论研究内容包括远景、特色与使命的制定战略规划；明确定位、立足前沿、引领国家、特色发展、凝练方向、汇聚队伍、构建平台的学科建设的策略与路径；包括主体学科、主干学科、支撑学科、特色学科、高精尖学科、交叉学科的学科体系，学科生态体系构建的学科建设内容以及学科分析与评估。

▶ 2.2 学科与专业

　　长期以来学科与专业的概念混为一谈，难以区分。但其实二者发展目标、对象、设置依据等均有所不同。《辞海》对专业的定义为：高

---

① 王战军，杨旭婷. 世界一流学科建设评价的理念变革与要素创新［J］. 中国高教研究，2019（3）：7-11.

等学校和中等专业学校根据社会分工需要而划分的学业门类。《实用教育大词典》对专业的定义是：高等学校或中等专业学校根据社会分工、经济和社会发展需要以及学科的发展和分类状况而划分的学业门类。因此，有学者认为专业是根据社会职业分工的需要，分门别类进行人才培养的基本单位。或者说，专业是学科及其分类与社会职业需求的结合点或交叉点[①]。也有人认为，专业是不同课程组合的形式[②]。高等学校中的专业主要指高等学校根据社会分工、经济和社会发展需要以及学科的发展和分类状况而划分的专业门类。

二者的区别与联系体现在以下几个方面。

（1）发展目标不同

学科作为知识体系的分类，以发现和创新知识为目标，以获得可以改善人类生活的新发现、新理论等为核心任务。专业主要以培养社会所需人才为目标，主要是为了满足国家发展和社会进步对不同领域人才数量和质量上的需求。

（2）研究对象、构成不同

学科是由研究对象、研究方法及理论体系构成。学科的研究对象是知识体系、组织体系等。专业是由培养对象、培养目标、教学机构等构成。专业的培养对象是人才、研究对象是教学计划、课程体系。培养目标对整个专业活动起导向和规范作用，专业建设很大程度上取决于对专业培养目标的定位与设计。课程体系直接影响专业建设与发展，即课程体系合理与否、质量高低、实施效果好坏直接影响专业的

---

① 谢桂华. 学位与研究生教育工作实践及思考［M］. 北京：高等教育出版社，2002.
② 潘懋元等. 高等教育学［M］. 福州：福建教育出版社，1995.

人才培养质量。

（3）学科划分与专业设置依据不同

学科划分依据是知识体系的内在逻辑。随着社会的发展，会出现新的学科、新的需求，学科也将保持相对稳定的研究范围。专业设置依据社会职业的需求，处于学科体系与社会职业需求的交叉点，社会发展需要什么样的人才，专业就组织相关的学科来满足，培养具有相关知识的人才[①]。

（4）建设内容不同

学科建设主要包括学术队伍建设、科学研究、人才培养质量以及图书资料、实验设备等物质条件和管理工作的提高。学科建设既要注重知识体系的完整性、前沿性和发展趋势，又要注意学校内部不同学科之间在内容和方法上的相互支撑与渗透，形成学校内部整体学科建设的优势，发挥学科群的系统功能。专业建设主要包括制定专业培养目标和规格、确定专业设置的口径、制订专业人才培养计划等，具体表现在专业的教学内容、课程体系、教学方法上。

（5）二者统一

二者的差异决定了学科与专业是不可相互取代的，但两者相互依存、互动发展，二者统一的基础在于人才培养、知识创新，统一的主体在于教师。人才培养是专业建设的出发点和归宿，是高等学校的首要职能。高等学校的学科建设与专业建设最终都服务于人才培养这一职能。学科建设为专业建设提供高水平的师资队伍、教学与研究的基

---

① 洪世梅，方星.关于学科专业建设中几个相关概念的理论澄清［J］.高教发展与评估，2006（2）：55–57.

地、学科发展学术成果。专业通过课程体系设计、教学计划设计目的是培养人才，培养具有创新能力的人才，而人才是知识创新、成果产生的重要载体，因此，学科通过专业实现其人才培养的职能，专业的发展以学科为基础。专业以学科为依托，有时某个专业需要若干个学科支撑，有时某个学科又下设若干个专业。有时一个学科往往就是一个专业。专业是对学科的选择与组织。大学设置专业，既要考虑学科基础又要适应社会用人的需要，确定具有一定专业适应范围、一定层次与规格的专业培养要求，再按专业培养要求，在系列的学科门类中选择一个至三个学科作为专业的主干学科。

▶ 2.3 学科与大学发展

大学与学科关系密不可分，失去大学依托的学科建设就是空中楼阁，漠视学科建设的大学会逐步失去竞争力，尤其在"双一流"政策背景下，大学与学科的关系更加紧密。学科与大学的结合是大学组织功能发挥的必然，大学教学、科研、咨询服务等职能的发挥靠的是以学科为基础的知识组织[①]。

学科是现代大学的基石，是现代大学的基本元素和核心，是高校赖以生存和发展的基础。学科建设是大学发展中具有战略性地位的基础建设，大学的学科设置及水平在很大程度上决定了大学的办学特色和水平，加强学科建设是大学发展的一个重要基础。首先，学科建设是人才培养的基本单元。学科建设与专业人才培养相辅相成，一方面，

---

① 翟亚军. 大学学科建设模式研究［D］. 合肥：中国科学技术大学，2007.

人才培养有利于促进学科发展，学生质量是学科评价成效的重要指标；另一方面，学科建设反哺人才培养。其次，学科建设是科学研究的重要平台，是高校服务社会的基础，也是高校学术交流的载体。最后，学科是资源配置和学术管理的主要载体，教师、经费、硬件设施等大多要归属到某个学科，学校主要根据学科划分管理学术事务。

新时代，随着国家"双一流"政策的实施，一流学科与一流大学的关系更加紧密。世界一流大学的一流学科建设经验表明一流学科建设水平与一流大学建设息息相关。一流学科是现代大学的核心竞争力，一流学科建设是大学基本功能的综合载体、一流大学建设的重要抓手。一流学科群是一流大学的重要标志。学科建设是构筑大学核心竞争力的必由之路，学科水平是大学办学水平和综合实力的最主要体现。学科的竞争是大学竞争的基石。学科建设水平与效益成为决定大学竞争力的基点。学科建设这一基石越厚实，大学越具有可持续发展能力；学科建设水平越高，大学越具有竞争能力。一所大学要成为世界一流大学，首先必须拥有世界公认的一流学科[①]。

▶ 2.4 图书馆学学科

2.4.1 学科内涵

根据对学科内涵和外延的梳理，发现学科问题的实质是一个科学分类的问题，这种分类既包括科学知识体系的分类，也包括对科学知

---

① 廖湘阳，王战军.大学学科建设：学术性、建构作用与公共绩效［J］. 学位与研究生教育，2006（3）：55-61.

识进行学习研究的组织、机构，以及在此过程中形成的一系列规则等进行的分类体系。

根据学科成立的条件，图书馆学学科体系要具备以下三个条件：一是要有学科的研究对象；二是要有学科的基础理论和研究方法；三是要有一批从事此学科研究的专业人员。图书馆学作为一门学科，其学科地位最早是有争议的，起初人们认为它只是图书馆工作方法与技术，并不是一门具有科学属性的学科。直到有学者对其研究对象、研究方法、学科特征、科学分类进行全面论述，其作为一门学科的地位才逐步被认可[①]。

图书馆学的研究对象是图书馆学科的基本理论之一，也是影响图书馆学科地位的一个关键因素。关于图书馆学科研究对象的认识经历了不同阶段的变化，包括"整理说""技术说""管理说""社会说""要素说""知识社会说""交流说""知识交流说""文献信息交流说""新技术说""知识管理说"等。虽然对图书馆学的研究对象有不同的认识，但这些都是图书馆学发展的不同阶段。学者着眼于图书馆实践和社会因素变迁，对图书馆学的定义，经历了一个由局部到整体、由现象到本质、由封闭到开放的认识过程[②]。吴慰慈[③]将其总结概括为图书馆学的研究对象主要是图书馆事业及其相关因素，可以从微观和宏观两个方面表示，微观对象主要指图书馆的各个组成部分，及其工作对象的知识、信息等。宏观研究对象主要是图书馆系统、图书馆事业、

---

① 王子舟.图书馆学是什么［M］.北京：北京大学出版社，2008.
② 苏娜.国内图书馆学研究对象之争——兼论图书馆学研究对象确立的原则［J］.情报资料工作，2007（2）：14–16，52.
③ 吴慰慈，董焱.图书馆学概论（第四版）［M］.北京：国家图书馆出版社，2019.

图书馆与环境。图书馆学的基础理论是图书馆学科发展的动力，包括图书馆哲学、图书馆学研究对象、学科性质、研究方法、图书馆性质、图书馆学思想史、图书馆与法律、图书馆权利等。目前图书馆学教育已经形成了包括本科，硕士、博士研究生教育以及成人教育在内的层次齐全的教育体系。

2.4.2 学科性质

虽然在实践发展中图书馆学形成了个学科体系，但对其学科性质的定位还存在争议，有人认为图书馆学属于社会科学（代表人物如徐引篪、霍国庆、王子舟），有人认为图书馆学属于应用科学（代表人物如沈继武、倪波、荀昌荣、宓浩和刘迅），有人认为图书馆学属于管理科学（代表人物如桑健），也有人认为图书馆学属于综合性科学（代表人物如关懿娴、黄宗忠）。1981 年我国确立学位制度初期，图书馆学归于文学大类；到 1987 年的《普通高等学校本科专业目录》，将图书情报档案学作为一个大的学科门类；1993 年的《普通高等学校本科专业目录》将图书馆学归于历史学类；1998 年和 2012 年的《普通高等学校本科专业目录》，将图书馆学归于管理学类。而在研究生学位授予层面，1983 年将图书馆学归于中国语言文学一级学科下，1990 年归于理学之下，1997 年和 2011 年的学位授予专业目录将图书馆学归于管理学科之下 [1]。

---

[1] 肖希明，倪萍. 新中国 70 年图书馆学教育的发展与变革 [J]. 图书与情报，2019（5）：1-12，38.

2.4.3 学科体系

图书馆学学科体系是图书馆学内容分类、排列、组合而形成的一个相互联系、相互制约的整体。也就是由相互联系、相互制约的图书馆学各个门类、分支学科、低层次学科、知识单元、知识元素构成的整体，是理论（原理）与应用（技术）的有机结合[①]。关于图书馆学学科体系分类，具有代表性的有"二分法""三分法"和"四分法"。周文骏[②]先生在1983年的《概论图书馆学》中把图书馆学科分成理论图书馆学、专门图书馆学、应用图书馆学。王子舟[③]把图书馆学分为理论图书馆学和应用图书馆学两个体系。黄宗忠[④]在《图书馆学体系的沿革与重构（下）》中将图书馆学科体系分为理论图书馆学和应用图书馆学两个门类。吴慰慈和董焱[⑤]在《图书馆学概论（修订本）》中将图书馆学分为普通图书馆学、专门图书馆学、应用图书馆学和比较图书馆学四大分支。叶鹰[⑥]把图书馆学分为理论图书馆学、实用图书馆学、专门图书馆学。除此之外，于良芝[⑦]和范并思[⑧]以职业为基础的图书馆学基础理论体系。杨晓农[⑨]根据对图书馆学的研究对象认识的时间顺序把图书馆学科体系分为以图书馆工作内容为基础的学科体系、以图

---

① 黄宗忠. 图书馆学体系的沿革与重构［J］. 图书与情报，2003（3）：2–9，54.

② 周文骏. 概论图书馆学［J］. 图书馆学研究，1983（3）：10–18.

③ 王子舟. 关于图书馆学内容体系的探讨［J］. 图书情报知识，2002（2）：2–8.

④ 黄宗忠. 图书馆学体系的沿革与重构（下）［J］. 图书与情报，2003（4）：2–5.

⑤ 吴慰慈，董焱. 图书馆学概论（修订本）［M］. 北京：北京图书馆出版社，2002.

⑥ 叶鹰. 图书馆学学科体系简论［J］. 图书馆建设，2005（1）：22–23.

⑦ 于良芝. 图书馆学导论［M］. 北京：科学出版社，2003.

⑧ 范并思. 论重构图书馆学基础理论的体系［J］. 图书馆论坛，2007（6）：43–48.

⑨ 杨晓农. 图书馆学学科体系构建思想的演变与发展［J］. 图书馆，2009（4）：17–19，23.

书馆或图书馆事业为基础的图书馆学学科体系、以信息资源和知识为基础的学科体系。总之，随着对图书馆研究对象的抽象和概括，文献信息、信息管理、信息资源管理、信息资源体系、知识交流、知识管理、知识资源、知识集合等都曾成为图书馆学学科体系重构的核心概念，图书馆学学科体系嬗变成以知识为中心的图书馆学科体系构建，反映了学者对网络时代图书馆学理论的突破。

科学知识是一个大的有机整体，而对科学知识进行分类的学科体系互相渗透、互补共存、相互交叉联系，形成了关联学科、交叉学科等。图书馆学作为对微观层面文献信息、知识进行收集、整理、加工、存储、开发、利用的学科与情报学、文献学、目录学、档案学、信息学等关系密切。它们或处理对象相近，或处理方法类似，或处理技术和基本理论相通，因此是关联性很强的学科。尤其是情报学、档案学、信息资源管理学等，作为一个大的一级学科存在。

2.4.4 学科建设成就

图书馆学学科建设、学科认同与学科地位也是学界持续关注、据理力争的重要基础理论。学科建设是图书馆学教育的根基，是图书馆学专业生存和发展的关键条件，也是图书馆学教育水平和层次的集中反映。经过近百年的发展，图书馆学的学科建设取得了巨大的进步。目前我国已经建立了从本科到博士后流动站一系列完整的人才培养体系，建有一级国家重点学科、一级省市级重点学科、教育部人文社会科学研究重点研究基地等。博士学位授予权是学科建设的制高点，获得博士学位授予权，是学科建设水平的最重要标志。它既是学科建设的产物，又是推动学科发展的主要动力。通过学位授权点的建设，既可以培养出高水平的人才，又可以培养出高水平的成果。近几年，图书馆学国家重点学科取得一系列成绩，2002 年，北京大学与武汉大学的图书馆学被评为国家重点学科。2007 年，教育部重点学科评估中，北京大学、武汉大学的图书馆学、"图书馆、情报与档案管理"学科被评为一级学科、国家重点学科。2012 年武汉大学、南京大学、中国人民大学的"图书馆、情报与档案管理"一级学科得分都超过 85 分。2017 年 9 月，武汉大学、南京大学和中国人民大学的"图书馆、情报与档案管理"入选"双一流"建设学科。第四轮学科评估结果中，武汉大学和南京大学的"图书馆、情报与档案管理"被评为 A⁺，中国人民大学的被评为 A⁻。

2.4.5 学科地位

虽然图书馆学科建设取得巨大成就，学科建制不断完善，但学科认同与学科地位问题一直困扰着图书馆学人。1973 年，美国比较图书馆学家丹顿（J.P.Danton）[①]谈及图书馆学学科地位时说："19 世纪，当生物学和语言学采用科学方法所产生的效果正鼓励着许多其他学科的时候，图书馆学还是一项完全只重实用的专业，到处都不承认它是一个学术领域，甚至不承认它是认真的学问。"我国著名图书馆学家杜定友、刘国钧[②]先生先后于 20 世纪 30 年代、50 年代撰文，对图书馆学一直没有在学术界获得应有尊重表示了不满，并呼吁社会重视图书馆学的研究。整体上看，目前学界倾向性地认为图书馆学学科地位偏

---

① ［美］J. 珀利阿姆·丹顿 . 比较图书馆学概论［M］. 龚厚泽，译 . 北京：书目文献出版社，1980.

② 刘国钧 . 什么是图书馆学［J］. 中国科学院图书馆通讯，1957（1）：1–5.

低或者说没有得到应有的地位。图书馆学的封闭性太强，表现为只输入别人成果而无法输出自己成果[1]，图书情报学科合著的论文中，更多地限于本学科师生间的合作，跨机构、跨地区的合作少[2]。王子舟[3]认为图书馆学经验学科的特征是外界不认同图书馆学科地位的原因，也是图书馆学人学术自尊和自信丧失的原因。20世纪80年代以来对图书馆学的理论基础、研究对象、内容体系和方法论等理论问题的争论，体现了图书馆学人为争取学科地位、获取学术界承认而集体做出的巨大努力。图书馆学人一方面通过对研究对象、内容体系、学科性质等理论构建明确学科的边界和范围、树立学科认同；另一方面通过对学科史研究，构建自身对图书馆学的认同和学科自信[4]。

▶ 2.5 图书馆事业发展

随着图书馆在社会政治、经济、文化等社会结构中所处的地位和作用逐步增加，图书馆与社会发展的关联性也越来越密切，单个的图书馆职能逐步发展成图书馆系统、图书馆整体、图书馆行业。作为一个国家各类型图书馆的构成、整体规模与管理体制和运行机制等的统

① 李刚，倪波.20世纪中国图书馆学的现代性与学科建制［J］.中国图书馆学报，2002（4）：14-17.

② 苏新宁.提升图书情报学学科地位的思考：基于CSSCI的实证分析［J］.中国图书馆学报，2010（4）：47-53.

③ 王子舟.建国六十年来中国的图书馆学研究［J］.图书情报知识，2011（1）：4-12、35.

④ 刘宇，凌一鸣.论图书馆学学科认同的构建——从学科史视角到学科制度视角的演变［J］.图书情报工作，2011，55（19）：30-33，38.

称的图书馆事业的概念在 19 世纪末到 20 世纪初为人们所通用[①]。图书馆的功能和作用随着社会需求而产生和发展，不同的历史时期社会赋予图书馆不同的具体任务，图书馆在满足社会需求的活动中也逐步被赋予不同职能。图书馆事业成为社会结构中不可或缺的事业，是社会的科学、文化、教育事业的重要组成部分。因此，图书馆事业的状况及其发展水平是整个社会经济、文化水平的重要标志之一。但图书馆事业的发展受到社会制度、社会结构和经济发展水平的制约。我国图书馆事业建设的经验表明，图书馆事业建设应与国民经济和科学文化教育事业发展水平相适应。

经过改革开放 40 多年的发展，我国图书馆事业已从追求数量规模转向追求服务质量和内涵提升的新时代。新时代的图书馆事业要有新的使命、新的目标和新的担当。正如《图书馆事业发展南京宣言（2018）》的共识，高质量发展既是时代的呼唤，也是图书馆事业发展的内在要求。

《图书馆事业发展南京宣言（2018）》：（1）新时代图书馆事业责任重大使命光荣。新时代的图书馆事业，机遇与挑战并存。图书馆界同人须认清发展方向，明确自身的定位与时俱进，重塑形象，勇于担当，加强社会责任感，更有效地发挥自身的功能，不断创新发展，不断提升自身的服务效能，增强自身的社会价值和社会贡献度，将危机转变成契机。（2）进一步加强图书馆的法治建设。图书馆法规是图书馆事业可持续健康发展的重要保障。《中华人民共和国公共图书馆法》的

---

① 李超平．图书馆学理论视野中的图书馆事业［J］．中国图书馆学报，2017，43（5）：21-31．

颁布具有里程碑意义，各级政府和各级图书馆应依法履行职责，推进中国图书馆事业发展。同时应从实践和理论两个方面继续推动建设良好的图书馆法律环境，促进包括各类型图书馆在内的"图书馆法"的出台，构建完备的图书馆法律体系，将图书馆事业的发展纳入法治化、规范化、有序化的轨道，保障图书馆事业可持续健康发展。（3）加快新技术的研发与应用。以互联网、大数据、人工智能为代表的新技术有助于图书馆核心价值和功能的加快实现。新技术的发展及在图书馆的广泛应用，已经并将不断推动图书馆事业发展的进程，推动图书馆业务能力与服务能力的提升。新技术是图书馆实现自身愿景与目标的助推器和加速器。图书馆员应积极拥抱新技术，积极吸纳和应用新技术，加快新技术应用的进程，掌控新技术，为我所用。（4）进一步强化服务能力建设。为用户提供基于不同需求、不同层次、不同方式的图书馆服务是图书馆的核心价值和根本任务。图书馆事业的发展必须坚持以人为本，坚持以用户为中心，恪守普遍、开放、共享、平等的图书馆服务原则，不断深化服务内容，扩展服务方式，提升服务能力，保障服务效果。（5）图书馆必须走高质量发展道路。应鼓励图书馆各种类型的创新，注重创新成效，不断提升图书馆服务效能，增加图书馆自身价值。人才是图书馆高质量发展的基础，图书馆必须重视各种类型人才建设，加强人才梯队和团队建设。图书馆员应爱岗敬业，勤奋奉献，加强专业研究和专业能力的提升，努力使自己成为专家型馆员。（6）进一步推动图书馆的共建共享建设。公共图书馆、高校图书馆、专业图书馆应该得到均衡、充分的发展。应加强图书馆事业的顶层设计，夯实图书馆基础工作，依法做好统计和评估工作，加强图书馆之间的交流与协作，协同开展图书馆的各项业务与服务工作。

（7）进一步发挥多元力量办好图书馆。社会力量是图书馆事业发展的重要参与者。随着中国经济、文化的发展，社会上越来越多的有识之士愿意为图书馆事业贡献一份力量。图书馆界应主动加强与社会力量的跨界合作，充分发挥社会力量创办图书馆的积极性和所发挥的不可替代的作用。（8）进一步加强图书馆学教育和研究。图书馆学教育要不辱使命，大胆改革课程体系，完善知识结构，鼓励在学科核心内容基础上加以拓展。图书馆研究者应大力倡导图书馆学及交叉学科的研究，加强学科术语名词规范和基本理论研究，加强教学、科研和新技术的应用研究。应坚持理论与实际密切结合和互动，理论研究、应用研究、技术开发并重，研究解决图书馆事业当前和未来发展面临的主要困境和存在的问题，以研究促发展，推出更多的前瞻性研究成果。

▶ 2.6 学科建设与产业、经济发展

学科建设除了与其生存的载体"大学"发展休戚与共以外，其发展也受到外部环境的影响，如政策、制度，等等，当然其也会对产业、事业、经济发展产生重要的影响。而学科结构作为学科的知识纤维、理论板块、学科体系发展演进而形成的有机构成，是学科内部逻辑的集中体现①，是学科发展受到外部环境影响的晴雨表，其变化表征着国家制度、政策以及与经济建设和社会发展的关系。在高等教育发展、学科建设与外部关系研究中有适应论、学科内部逻辑、同构共生逻辑等理论。

"适应论"强调高等教育发展需与社会发展相匹配，否则高等教

① 陈燮君. 学科学导论——学科发展理论探索［M］. 上海：三联书店，1991.

育就失去了其存在的合理性和合法性^①，在此理论支配下，我国高等教育的学科建设表现出极强的外部适应性，中华人民共和国成立后多次学科结构调整均呈现出类似的应用逻辑，如受国家经济建设和社会发展的需求影响，国家强化工科学科建设，消减政治学、社会学、经济和政法学科等。"应用逻辑"在"国家视角"的驱动下，片面强调把旧中国大学的"博雅教育"转变为服务于国家建设的"专业教育"，忽视了高等教育发展的客观规律。学科内部逻辑强调学科的发展与建设不仅要适应经济社会发展阶段变化的客观要求，也要遵循其自身发展的内在规律，学科专业目录要体现交叉、融合、综合等。但该理论过分追求大而全的学科专业结构，出现了学科划分逻辑不清、比例失调、行政审批色彩明显等特点，降低了资源利用的效率，促使学科建设与外部经济发展呈现出"非耦合"的关系^②。

同构逻辑强调环境的重要性，制度要适应环境变迁的方式，同时制度所处环境限制任何制度过度偏离现状^③。"组织在某种程度上都是同时嵌植于关系与制度背景之中的，所以组织既关注协调与控制活动，也关注对自身的合法性说明。"^④我国学科结构优化调整嵌入特定的深层制度结构，遵循同构逻辑，是一种合法性体现，即适应社会

① 展立新，陈学飞. 理性的视角：走出高等教育"适应论"的历史误区［J］. 北京大学教育评论，2013，11（1）：95–125，192.

② 姚荣. 应用逻辑的制度化：国家工业化与高等教育结构调整［J］. 清华大学教育研究，2015，36（5）：47–52，82.

③ 刘海兰. 校地相互作用及其制度逻辑——以美国加州州立大学为例［J］. 比较教育研究，2015，37（12）：42–47.

④ ［美］约翰·W.迈耶，［美］布立安·罗恩. 制度化的组织：作为神话与仪式的正式结构［M］//［美］沃尔特·W.鲍威尔，［美］保罗·J.迪马吉奥. 组织分析的新制度主义. 姚伟，译. 上海：上海人民出版社，2008.

发展的制度环境。尤其是党的十八大后在同构共生逻辑支配下，仅仅增强教育的外部适切性是不够的，更需要以学科建设和结构调整为依托，构建多样化的人才培养模式，提高其内部适切性。超越学科逻辑和应用逻辑的对立，实现应用逻辑和学科逻辑的同构共生是未来学科结构调整的发展趋势，也是实现知识体系重构的变革取向[1]。学科结构调整能够在办学条件和社会需求的双重约束下发展，既要考虑办学质量，又要考虑人才培养的社会需求[2]。

▶ 2.7 高等教育与经济增长

高等教育与经济增长的关系研究随着人们对经济增长理论的认识而逐步增强，在经济增长的要素中，从古典经济学将资本作为经济增长的唯一要素，到生产函数中引入劳动力，再到新古典经济学中把技术作为经济增长的生产要素，教育对经济增长的作用逐步得到认识[3]。

高等教育对经济增长的贡献率测度是高等教育与经济增长关系的实证研究的起源。国内外学者们采用余值分析法（或教育收益率法）、因素分析法、现值折算法等测算出高等教育对经济增长的贡献率、教育投入与经济增长的关系。而随着教育学发展，高等教育的学科结构开始受到关注，20 世纪 80 年代开始，伯顿·克拉克率先关注高等教

---

① 王战军，张微. 新中国成立 70 年来我国高校学科结构调整——政策变迁的制度逻辑 [J]. 中国高教研究，2019（12）：36-41.

② 黄海军. 如何优化我国研究生教育学科结构 [N]. 光明日报，2016-04-05.

③ 王子晨. 高等教育与中国经济增长关系的测度研究 [D]. 合肥：中国科学技术大学，2015.

育结构问题，马丁·特罗[1]、天野郁夫[2]探讨了高等教育发展不同阶段的结构变化。我国学者在20世纪80年代开始关注高等教育结构。潘懋元[3]认为国民经济的产业结构是制约高等教育学科结构的主要因素，评价高等教育结构是否合理应看其是否与产业结构对于人才的需求相匹配。夏子贵[4]认为高等教育必须适应经济社会发展需要，不断调整专业设置。区域高等教育结构与经济关系的研究也逐渐增多，研究区域高等教育与区域产业结构的变动、互动[5]，看是否存在均衡[6]、时滞性、关联性、因果关系[7]，以及如何优化、协调发展[8]。高等教育的就业效应与区域经济增长关系，高等教育毕业生报酬与区域经济收入关系，高等教育人才培养、成果转化是促进区域增长的主要方式。

[1] [美]马丁·特罗，濮岚澜等. 从大众高等教育到普及高等教育[J]. 北京大学教育评论，2003（4）：5-16.

[2] [日]天野郁夫. 高等教育的发展阶段学说与制度类型论[J]. 陈武元，译. 教育研究，2003（8）：61-67.

[3] 潘懋元. 教育外部关系规律辨析[J]. 厦门大学学报（哲学社会科学版），1990（2）：1-7.

[4] 夏子贵，罗洪铁. 专业变革：跨世纪人才培养的宏伟工程[M]. 成都：四川教育出版社，1997.

[5] 李战国，谢仁业. 美国高校学科专业结构与产业结构的互动关系研究[J]. 中国高教研究，2011（7）：46-49.

[6] 乔学斌，姚文凡，赵丁海. 互动与共变：高等教育结构、毕业生就业结构与产业结构相关性研究[J]. 东南大学学报（哲学社会科学版），2013（4）：122-126.

[7] 王艳玲. 区域高等教育发展与产业结构优化升级的互动研究[J]. 统计与决策，2013（2）：107-109.

[8] 周伟，王秀芳. 安徽高等教育学科专业结构与产业结构变迁的适应性研究[J]. 科技管理研究，2014，34（16）：75-79.

Chapter **3**

图书馆学科与图书馆事业发展状况

▶ 3.1 图书馆学发展基本状况

图书馆学教育是在图书馆实践中逐步产生的一门学科，是从古代最早的图书整理实践中慢慢总结提炼出来的一套系统知识体系。这种知识体系分支从古代图书馆和西方图书馆的收藏、版本、校勘、注释、目录、分类、编纂等体系逐步过渡而来。但图书馆相关知识体系真正成为一个学科始于 1807 年德国图书馆学家施雷廷格第一次使用了"图书馆学"这个名称，后逐步在其专著中系统地阐述了图书馆学的内容体系和知识特征。因此可以看出图书馆学是一门以经验性和操作性为主的经验科学。早期的图书馆学教育主要是以讲座的形式进行职业培训，职业支撑能力强、实践性强，但专业理论基础薄弱。

图书馆学作为一个学科在中国的产生始于 20 世纪初。1913 年，美国图书馆学家克乃文在金陵大学开设了图书馆学课程，这是我国图书馆学教育的开端。1920 年 3 月，韦棣华女士在武汉创办了我国第一个图书馆学教育机构武昌文华图书专科学校。1920 年 8 月，北京高等师范学校开办暑期图书馆学讲习会，开中国图书馆学业余教育之先河。1921 年，广州市立师范学校增设图书管理科。1922 年，杜定友在广州开办图书馆管理员养成所。1923 年，南京东南大学举办暑期学校图书馆讲习班。1924 年，上海圣约翰大学图书馆也开办了图书馆讲习会。1925 年，上海的国民大学创设了图书馆学系。1926 年，成都的四川图书馆专科学校成立。华东基督教大学在苏州东吴大学举办的暑期学校，专设有图书馆学科。1927 年，南京金陵大学建立了图书馆学系。湖北省教育厅在汉口举办了首届图书馆学讲习所。[①]1928 年，上海商务印书馆开办暑期图书馆讲习班。图书馆学教育在中国的传播和兴建得益于国外图书馆知识在中国的传播，尤其是一些美国图书馆学者、归国留学生等对图书馆先进知识的传播。

中国的图书馆学教育事业自诞生之日起到中华人民共和国成立前，就一直经受着国内动乱的考验，很多学校都只有短暂的图书馆学办学经历，或者是办办停停，多是一些讲习班、讲座、职业教育的形式，正规教育很少。中华人民共和国成立后，中国的图书馆学教育也经历了繁荣、低落、再繁荣、低落、调整与融合等发展阶段。中华人民共和国成立后至"文革"前，国内图书馆事业发展很快，有了正规的本科教育。但"文革"期间由于整个教育的发展停滞，许多图书馆学教育都停止了招生。改革开放后至 20 世纪 80 年代，图书馆教育又迎来一个发展繁荣期，许多图书馆专业开始恢复招生，又有许多高校开设图书馆专业，办学规模逐步扩大，办学层次也丰富起来。经过 20 世纪 90 年代图书馆教育的调整，当前学科教育基本进入稳定发展阶段。

---

① 沈固朝，刘树民 . 涓涓成川有师承：1913—1948 年间金陵大学图书馆学教育的发展历程［J］. 图书情报工作，2005（11）：139–141.

3.1.1 政策保障

图书馆学教育事业的发展离不开国家部委的政策支持，政策支持是图书馆学教育发展的最有利条件。尤其是改革开放后国家对图书情报教育高度重视。1978 年 6 月，教育部在武汉召开了全国高等学校文科教学工作座谈会，对文科专业的调整设置提出建议，其中制订了图书馆学专业教学方案。

1980 年 5 月 26 日，中共中央书记处第 23 次会议通过了《图书馆工作汇报提纲》，建议教育部与文化部合作共同办好现有高等学校的图书馆学和情报学专业。这是改革开放后第一次从国家层面上对图书情报学教育给予政策支持，对于我国图书情报学教育的恢复及其发展具有决定性意义。据此，1981 年 9 月 16—25 日，教育部和文化部在北京联合召开了全国图书馆学教育座谈会。1983 年 4 月，教育部在武汉召开了全国图书情报学教育工作座谈会，并印发了《关于发展和改革图书情报学教育的几点意见》，中国图书情报学教育进入一个新的发展阶段[①]。

然而在经过十余年的发展后，由于国家科委把"科技情报"改为"科技信息"，使得图书情报教育进入徘徊调整期。主要表现为各个高校、研究所纷纷把图书情报改为信息管理。同时国家教委于 1993 年对图书情报学的专业名称、学科归属做了相应的调整。国务院学位委员会颁布的研究生专业目录将图书馆学和情报学分别从历史和理学两个学科门类中抽出，列为一级学科。1997 年修订的《授予博士、硕士学位和培养研究生学科、专业目录》在"管理学"门类下设立"图书馆、情报与档案管理"一级学科，下设图书馆学、情报学、档案学 3

---

① 范兴坤 . 中国大陆地区图书馆事业政策研究（1978—2008）[D]. 南京：南京大学，2010.

个二级学科。1998 年 7 月，教育部颁布实施新修订的《普通高等学校本科专业目录》，将图书馆学和档案学专业作为一级学科"图书档案类"下属的二级学科，归入新增设的管理学学科门类。1994 年，国家社会科学基金资助项目的课题指南首次增列了"图书馆、情报与文献学"学科类别。

3.1.2 学科建设

学科体系建设是图书馆学教育发展的基本框架，其学科层次、学科设置、教学机构等建设是主体。图书馆学教育在理念发展中形成了包括补习班、讲座、函授、中等专修、专科、本科、研究生、博士等多层次教学体系。

（1）专修、培训与补习班教育

1949 年，当时全国仅有武昌文华图书馆学专科学校和北京大学图书馆学专修科这两个培养图书馆专业人才的机构。1953 年，文华图专并入武汉大学，成为武汉大学图书馆学专修科。1951 年，西南师范学院设立了图书馆学博物馆学专修科。1958 年，中国科技大学科技情报学系设立了图书馆学专修科，东北师范大学和河北文化艺术干部学校也设立了图书馆学专修科。1983 年 3 月，中国第一所独立的中等图书情报学校——湖南图书情报学校在长沙建立。1985 年后，武汉大学和北京大学相继开展了图书馆学函授本科教育。

短期的培训班主要有 1951 年和 1954 年文化部分别在沈阳和北京开办了图书馆学的短期培训班。1956 年，北京大学、武汉大学分别开办了函授图书馆学专修科教育，中国科学院图书馆开办了图书馆干部训练班。1957 年，文化部等 6 个单位在南京联合举办全国省市图书馆人员进修班，同年教育部也在北京举办了高等学校图书馆员进修班。1958 年，北京市成立图书馆干部进修学校，文化部也成立了文化学院图书馆学研究班[①]。

（2）本专科教育

本专科教育是图书馆学教育层次的主体。1954 年与 1955 年，北京大学图书馆学专修科和武汉大学图书馆学专修科学制由二年制改为三年制。1956 年，从三年制改为四年制，并成立了图书馆学系。这开启了图书馆学教育本专科正规学历教育的新阶段。

但在"文革"期间北京大学、武汉大学图书馆学系停课。1972 年，两个学校的图书馆学专业恢复办学，仅招收两年制的工农兵学员。1978 年，山西大学、湖南大学、复旦大学分校、北京大学分校设立了图书馆学系。1979 年，华东师范大学、安徽大学、南开大学分校成立了图书馆学系。图书馆学教育进入了新的恢复发展阶段。进入 20 世纪 90 年代，图书馆学本科教育遭遇挫折，1999 年，全国开办图书馆学本科专业的院校仅 20 所，有些还停止招生或隔年招生。2000 年，北京大学与武汉大学的图书馆被教育部评为国家重点学科。2002 年 5 月，教育部正式批准成立了"教育部高等学校图书馆学学科教学指导委员会"为图书馆学教育的规范化提供重要的契机。2001 年以来，图书馆学本科教育处于较为稳定的发展阶段。2002—2006 年，新增图书馆学专业本科办学点的学校包括：河北经贸大学、长春大学、长春师范学院、苏州大学、贵州师范大学、陕西理工大学、新疆大学和内

---

① 李舒琼，肖希明.新中国 70 年图书馆学成人教育的发展与展望［J］. 图书与情报，2019（5）：21–29.

蒙古科技大学。而 2007 年 3 月 12 日教育部最新公布的《2006 年度经教育部备案或批准设置的高等学校本科专业名单》中，又新增了鞍山师范学院、郑州航空工业管理学院和西北大学现代学院三所高校。截至 2006 年 12 月，我国共有图书馆学专科教育点 3 个，本科教育点 28 个[①]。根据教育部高校招生阳光平台统计，2022 年全国共有 20 所高校开设图书馆学本科专业。

（3）研究生教育

研究生教育是提高我国图书馆教育层次的重要补充，对图书馆学教育学科体系建设和人才培养以及适应社会发展至关重要。

1964 年，北京大学图书馆学系开始招收研究生。1978 年，武汉大学招收了首届图书馆学硕士研究生。1979 年，北京大学、中国科学院招收了首届图书馆学硕士研究生。1980 年，华东师范大学、中山大学也开始招收图书馆学硕士研究生。1981 年 11 月，北京大学和武汉大学同时获得了图书馆学硕士学位授予权。1991 年，北京大学建立了我国第一个图书馆学博士学位授予点。1993 年，武汉大学和中国科学院文献情报中心获得了图书馆学博士学位授予权。

2000 年，国务院学位办批准北京大学和武汉大学为图书馆、情报与档案管理一级学科博士学位授予点。2003 年，南开大学、南京大学、南京政治学院上海分院三个图书馆学博士点获批。2002 年，中国科技信息研究所设立了图书馆、情报与档案管理一级学科博士后科研工作站。2003 年，北京大学、武汉大学和中国人民大学三个高校获批图书馆、情报与档案管理一级学科博士后科研工作站。2006 年，南京

---

① 肖希明，司莉，黄如花.我国图书馆学教育发展现状的调查分析［J］.图书情报知识，2008（1）：5-10，16.

大学和中国人民大学获得了"图书馆、情报与档案管理"一级学科博士学位授予权。2007 年，南京大学设立了图书馆、情报与档案管理一级学科博士后科研流动站。2008 年底，据中山大学资讯管理系的最新调查，中国共有 50 所高等院校和机构开设图书馆学专业教育，其中有 29 个本科专业、42 个硕士授权单位、8 个博士授权单位、5 个图书馆情报与档案管理学博士后流动站[①]，图书馆学专业在校学生 5000 人左右。据 2021 年 7 月国务院学位委员会正式公布的《2020 年学位授权审核结果公示》，上海大学、郑州大学新增图书情报与档案管理一级学科博士学位，山西财经大学、曲阜师范大学、湖北大学新增图书情报与档案管理一级学科硕士学位，北京语言大学、河南师范大学、西北大学等 23 所高校新增图书情报专业硕士学位。根据中国研究生招生信息网的统计，2022 年招收图书情报档案学硕士研究生单位共有 52 个机构。具体信息见表 3-1。

表 3-1　2022 年图书情报档案学硕士研究生招生机构

招生单位名称	所在地
北京大学	北京市
中国人民大学	北京市
中国农业大学	北京市
北京协和医学院	北京市
北京师范大学	北京市
中国科学院大学	北京市
中国科学技术信息研究所	北京市
中国中医科学院	北京市

① 潘燕桃.中国大陆图书馆学教育发展现状及社会需求调查［J］.中国图书馆学报，2009，35（6）：29-40.

续表

招生单位名称	所在地
国防大学	北京市
军事科学院	北京市
南开大学	天津市
天津师范大学	天津市
河北大学	河北省
山西大学	山西省
山西财经大学	山西省
辽宁大学	辽宁省
中国医科大学	辽宁省
吉林大学	吉林省
东北师范大学	吉林省
黑龙江大学	黑龙江省
上海大学	上海市
华东理工大学	上海市
华东师范大学	上海市
上海社会科学院	上海市
南京大学	江苏省
苏州大学	江苏省
南京理工大学	江苏省
南京工业大学	江苏省
河海大学	江苏省
江苏大学	江苏省
南京农业大学	江苏省
安徽大学	安徽省
福建师范大学	福建省
南昌大学	江西省

招生单位名称	所在地
山东理工大学	山东省
曲阜师范大学	山东省
郑州大学	河南省
河南科技大学	河南省
新乡医学院	河南省
郑州航空工业管理学院	河南省
武汉大学	湖北省
华中师范大学	湖北省
湖北大学	湖北省
湘潭大学	湖南省
华南师范大学	广东省
广西民族大学	广西壮族自治区
西南大学	重庆市
四川大学	四川省
云南大学	云南省
西北大学	陕西省
西安交通大学	陕西省
西安电子科技大学	陕西省

经过统计，2022 年共有 14 个单位招图书情报档案学博士研究生，分别为北京大学、中国人民大学、武汉大学、中国科学院大学、河北大学、南京农业大学、郑州大学、华中师范大学、湘潭大学、中山大学、南京大学、南开大学、吉林大学、上海大学。

3.1.3　人才培养

根据调查研究，图书馆学本科招生规模相对稳定，2002—2006 年招生人数整体平稳，从 712 人上升到 765 人。全国图书情报学本科在校生人数 1977 年只有 200 多人，1979 年增加到 1074 人，1981 年有 1500 人，1983 年有 1700 人，1987 年达到 6300 多人[①]。在研究生培养规模方面，1978—1987 年，全国毕业图书馆学情报学研究生 147 人。根据肖希明和吴庆梅[②]对 30 家图书馆学硕士培养单位的统计显示，2002—2006 年上述单位共招收 1291 名硕士研究生，招生数量逐年增加，发展速度很快。招生规模由 2002 年的 178 人增长到 2006 年的 338 人。2002—2006 年，图书馆学博士研究生招生从最初的北京大学、武汉大学、中科院国家科学图书馆 3 个机构扩大到 2006 年的 6 个机构，招生人数也随着机构数的增加而增加，5 年间招收博士研究生从 14 名增加到 28 名。

3.1.4 科研成果

科研成果是图书馆学教育的重要产出，是图书馆学教育对社会提供科技支撑的重要体现。因此，科研成果可以代表图书馆学教育对社会的贡献。详情见表 3–2。

表 3–2　图书情报学科研成果

年份	CSSCI 论文（篇）	国家基金（项）	发明专利（项）
1998	3820	11	1
1999	3917	12	3
2000	3579	13	3

---

① 郑章飞，黎盛荣，王红.中国图书馆学教育概论［M］.长沙：国防科技大学出版社，2001.

② 肖希明，吴庆梅.改革开放以来我国图书馆学研究生教育的发展与前瞻［J］.图书馆论坛，2020，40（8）：25–33.

续表

年份	CSSCI 论文（篇）	国家基金（项）	发明专利（项）
2001	4007	23	10
2002	4204	32	4
2003	4508	30	4
2004	5199	34	8
2005	5262	38	6
2006	5343	45	10
2007	5638	47	14
2008	6194	61	16
2009	6278	66	35
2010	6105	83	45
2011	6467	96	39
2012	6205	114	35
2013	6011	130	79
2014	5718	131	60
2015	5832	131	80
2016	3257	140	84
2017	5114	150	168
2018	4656	111	252
2019	4229	111	165
2020	3357	116	171

3.1.5　图书馆学教材与刊物建设

我国图书情报学教育面临着教材以及教学内容的缺失和不规范。为此 1978 年，教育部在武汉召开文科教育会议，武汉大学和北京大学共同商定了图书馆学专业教学方案，并协商合作编写教材，以适应图书情报学教育的迫切需要。其后出版的《图书馆学基础》《目录学》教科书对于 20 世纪 80 年代的图书情报学教育产生了重要的影响。
1978—1983 年有 8 种教材列入高等学校文科教材编选计划；1985—
1990 年有 60 种教材列入图书情报学专业教材编选计划[①]。另一个问题
是教材内容重叠过多且与实际工作有较大距离，国外的和历史的东西
过多，与我国图书情报工作的实际需要脱节。1992 年，经会议讨论，
国家教委直属大学图书馆学专业设置了 12 门核心课程：图书馆学基
础、中国图书与图书馆史、文献资源建设、文献分类法与主题法、文
献编目、读者研究、目录学、社科文献咨询、科技文献咨询、图书馆
学管理、文献管理自动化、图书馆现代化技术。1998 年，教育部颁布
了《普通高等学校本科专业目录和专业介绍》，其中图书馆学专业主
要课程包括图书馆学基础、文献资源建设、文献分类法与主题法、文
献编目、人文社会科学文献检索、科技文献检索、咨询与决策、信息
市场学、文献计量学、计算机应用系统设计与分析、计算机信息网
络、数据库管理、文献学概论、目录学概论等。2003 年 4 月，教育部
高等学校图书馆学学科教学指导委员会在"图书馆学专业本科核心课
程建设"会议中确定了 7 门核心课程：图书馆学基础、信息组织、信
息描述、信息资源建设与服务、信息存储与检索、数字图书馆、目录
学概论，之后由教学指导委员会组织编写了相关教材。截至 2005 年
上半年，我国正式出版并广泛使用的图书馆学专业教材有三套，分别
是：高等教育出版社出版的"面向 21 世纪课程教材"图书馆学专业系
列教材共 9 种；武汉大学出版社的"高等学校图书馆学核心教材"共

---

① 司莉，伍丹 . 改革开放以来我国图书馆学教材调查与分析［J］. 图书馆，2019
（1）：17–21.

9 种；科学出版社出版的"21 世纪高等院校教材——信息管理系列"。

根据中国高校教材网的统计，图书馆学教材共有 99 种，利用独秀学术搜索引擎以"图书馆"为关键词，在信息与知识传播、图书馆学、图书馆事业类目下进行检索，有相关图书 4830 册。其中可以看出 20 世纪 80 年代是图书馆教育的一个发展期，1978—1987 年共有641 部教材。此前我国的图书馆学教育几乎停滞，从图书馆教材编写方面也可以充分说明这一现象，1968—1977 年只有 46 部教材。而在1958—1967 年有 113 部教材。20 世纪 90 年代到 21 世纪初，图书馆学教育进入稳定发展阶段，这一时期的教材数量基本稳定。2006 年后图书馆学教育又迎来新的发展期，这一时期的教材数量开始增多，年均保持在 200 部左右，如图 3-1 所示。

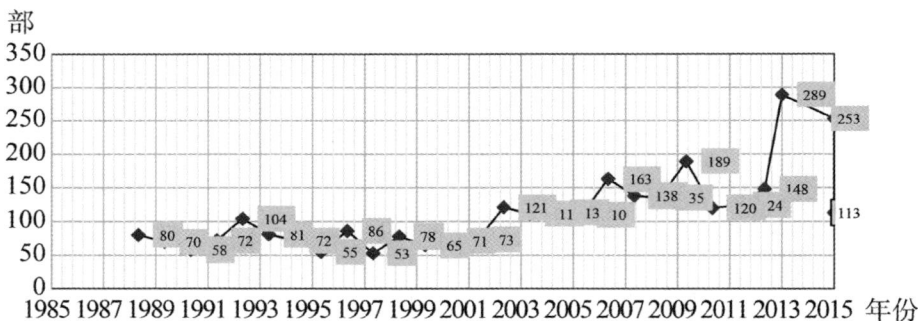

图 3-1　1987—2015 年图书馆学教材数量

根据对图书馆学教材的主题分析可知，图书馆学教材主要是由图书馆学基础理论、各类型图书馆、图书馆管理、读者工作、文献标引与编目、藏书建设和藏书组织、文献工作与文献学、目录学、名词术语、词典、百科全书（类书）、手册、名录、指南、一览表、年表等构成，其分布比例如图 3-2 所示。

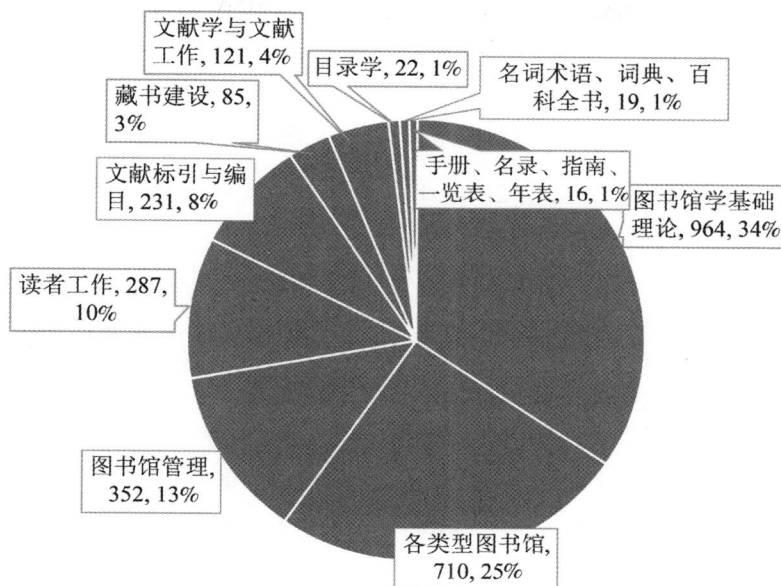

图 3-2 图书馆学教材主题分布

随着图书馆事业的发展，我国的图书馆学专业期刊也得到了突飞猛进的发展。1915 年，我国创办了第一种图书馆学刊物《浙江公立图书馆年报》。中华人民共和国成立至今，全国出版过大约有 190 种图书馆学刊物。20 世纪 80 年代中期图书馆学期刊进入大发展时期，到 90 年代初出现了过量发展，目前已进入稳定时期。自 20 世纪 80 年代中期以来，全国同时出版的图书馆学期刊一直保持在 50 种以上，80 年代末到 90 年代初的几年里最多，达到了 90 种左右。1990 年和 1997 年国家新闻出版署，曾两次对各类期刊进行过整顿、调整。第一次调整后的 1992 年全国还有图书馆学期刊 62 种；第二次调整后的 1998 年还有 50 多种。据不完全统计，当前出版的 50 多种期刊都有 10 年以上的历史[①]。

---

① 李万健．中国图书馆学期刊的发展现状及未来取向［J］．中国图书馆学报，1999 （1）：15–20.

例如，《中国图书馆学报》《图书情报工作》《农业图书情报学刊》等都已创办 40 多年，《图书馆杂志》《新世纪图书馆》《图书馆》《图书馆理论与实践》《大学图书馆学报》《图书情报知识》《图书馆论坛》等 20 多种期刊也都有了 10 年至 20 多年的历史。

根据知网统计的图书情报与数字图书馆杂志共有 46 种，如表 3-3 所示。

表 3-3　图书情报学杂志

名称	出版类型	ISSN	出版地
大学图书情报学刊	双月刊	ISSN：1006-1525	安徽合肥
大学图书馆学报	双月刊	ISSN：1002-1027	北京市
图书与情报	双月刊	ISSN：1003-6938	甘肃兰州
河北科技图苑	双月刊	ISSN：1006-9925	河北保定
晋图学刊	双月刊	ISSN：1004-1680	山西太原
科技文献信息管理	季刊		陕西西安
评价与管理	季刊		湖北武汉
公共图书馆	季刊		广东深圳
图书情报研究	季刊	ISSN：2222-1603	江苏镇江
当代图书馆	季刊		陕西西安
贵图学苑	季刊		贵州贵阳
图书情报论坛	双月刊		湖北武汉
上海高校图书情报工作研究	季刊		上海市
情报学报	月刊	ISSN：1000-0135	北京
中小学图书情报世界杂志	月刊		江苏南京
津图学刊	双月刊	ISSN：1005-8753	天津
图书馆论坛	双月刊	ISSN：1002-1167	广东广州
情报科学	月刊	ISSN：1007-7634	吉林长春

续表

名称	出版类型	ISSN	出版地
中华医学图书情报杂志	月刊	ISSN：1671-3982	北京
现代情报	月刊	ISSN：1008-0821	吉林长春
图书馆学研究	月刊	ISSN：1001-0424	吉林长春
图书馆	月刊	ISSN：1002-1558	湖南长沙
图书馆工作与研究	月刊	ISSN：1005-6610	天津
图书馆建设	月刊	ISSN：1004-325X	黑龙江哈尔滨
图书馆杂志	月刊	ISSN：1000-4254	上海
情报杂志	月刊	ISSN：1002-1965	陕西西安
农业图书情报学刊	月刊	ISSN：1002-1248	北京
新世纪图书馆	月刊	ISSN：1672-514X	江苏南京
河南图书馆学刊	月刊	ISSN：1003-1588	河南郑州
情报探索	月刊	ISSN：1005-8095	福建福州
中国图书馆学报	双月刊	ISSN：1001-8867	北京
四川图书馆学报	双月刊	ISSN：1003-7136	四川成都
图书情报知识	双月刊	ISSN：1003-2797	湖北武汉
全国新书目	月刊	ISSN：0578-073X	北京
情报理论与实践	月刊	ISSN：1000-7490	北京
情报资料工作	双月刊	ISSN：1002-0314	北京
图书馆理论与实践	月刊	ISSN：1005-8214	宁夏银川
图书馆研究	双月刊	ISSN：2095-5197	江西南昌
高校图书馆工作	双月刊	ISSN：1003-7845	湖南长沙
国家图书馆学刊	双月刊	ISSN：1009-3125	北京
图书馆研究与工作	月刊	ISSN：2096-2363	浙江杭州
现代图书情报技术	月刊	ISSN：1003-3513	北京
图书情报工作	半月刊	ISSN：0252-3116	北京

续表

名称	出版类型	ISSN	出版地
图书馆学刊	月刊	ISSN：1002-1884	辽宁沈阳
图书馆界	双月刊	ISSN：1005-6041	广西南宁
山东图书馆学刊	双月刊	ISSN：1002-5197	山东济南

3.1.6 学术交流与学会、协会建设

图书馆各级学会、协会在图书馆学术交流、学术研究方面发挥了积极作用。1979 年 9 月中国图书馆学会成立，标志着我国图书馆事业和图书馆学研究进入了新的历史发展时期。学会下设学术研究委员会、图书馆学教育委员会、阅读推广委员会、编译出版委员会、交流与合作委员会、公共图书馆分会、高等学校图书馆分会、专业图书馆分会、中央国家机关图书馆分会、医学图书馆分会、高职院校图书馆分会、中小学图书馆分会、军队院校图书馆分会、党校图书馆分会、团校图书馆分会、未成年人图书馆分会、工会图书馆分会。

2003 年 9 月，北京市图书馆协会正式成立，成为市属图书馆行业性管理组织。2005 年底，中国图书馆界的首个行业协会——上海市图书馆行业协会在上海图书馆宣告成立，开创了国内外图书情报学教育学术研讨活动①。1985 年 7 月 31 日至 8 月 4 日，中国图书馆学会在四川新都召开了"首届全国图书情报学教育学术讨论会和经验交流会"，深入讨论了我国图书情报学教育体制改革、培养目标、课程设置、师资建设、图书馆学业与教育等问题。1986 年 9 月，国际图联与中国图书馆学会在北京召开了"图书馆学、情报学教育与研究"国

---

① 肖红凌.图书馆行业协会建设研究［J］.图书馆学研究，2007（2）：2-6.

际学术讨论会，促进了我国图书情报学教育事业的发展，增强了我国图书情报学教育的国际影响力。

▶ 3.2 图书馆事业发展梳理

中华人民共和国成立后，中国的图书馆事业随着国家建设进入了改造和事业建设恢复期。通过对旧中国图书馆的接收、接管、改造，进入了图书馆事业的建设期，各类型图书馆迅速增加。1957 年《全国图书协调方案》的颁布，标志着我国图书馆事业进入建设高潮。随着国家第二个五年计划的实施，国家的图书馆事业进入"大跃进"时代。1958 年 8 月在北京召开了"全国省市自治区图书馆工作跃进大会"，会议向全国图书馆界提出了"十比"倡议，导致全国图书馆工作盲目攀比搞"大跃进"。截至 1958 年底，全国有 30 多万个图书馆，藏书约 26000 万册。仅 1958 年一年，县级以上公共图书馆就由 1957年的 400 所增加到 922 所。1962 年以后本着"调整、巩固、充实、提高"的八字方针，图书馆事业也进入了一个调整期，以公共图书馆为例：1960 年有 1093 所，到 1963 年时只剩下 490 所。"文革"期间，中国的图书馆事业进入了停滞、倒退阶段，许多图书馆被关闭或撤销，县以上公共图书馆由 1965 年的 573 所减为 1970 年的 323 所，高校图书馆由 1965 年的 434 所减为 1971 年的 328 所，中国的图书馆事业遭到严重破坏。

改革开放后，我国的图书馆事业再次进入复苏、发展和建设高潮期。尤其是 1999 年教育部启动 CALIS 项目，我国图书馆事业进入新的高潮发展期。全国公共图书馆事业从业人员数从 1991 年的 42037

人，到 2014 年的 56071 人，增幅虽然达到 33.38%，但公共图书馆从业人员总体规模偏小，每百万人图书馆从业人数只有 41 人，年均增幅只有 1.26%，与全国人口的增长以及图书馆规模扩大的速度相比差距较远，与国外图书馆从业人员的差距较大。美国公共图书馆从业人员在 2010 年已经达到 145244 人，是我国当年从业人口的 2.7 倍，而美国的人口仅为我国的 23.04%。公共图书馆从业人员的规模偏小是制约我国公共图书馆事业发展的重要人力资源因素。

图书情报专业人员是反映我国图书馆事业发展人力资源质量的重要指标。该指标包括在研发机构和高等院校从事图书情报工作的人员。从 2011 年的 1161 人，到 2014 年的 3030 人，增幅达 161%，年均增幅达 37.68%。但整体规模还是偏小，与全国高校毕业生的增幅相比差距较大。图情专业学生占高校毕业生的比例近些年一直呈现下降趋势，2001 年占比为 0.112%，到 2014 年只有 0.042%。这主要是因为图情专业学生的增幅远远小于高校毕业生的增幅。

高等学校中从事图书情报工作的专业人员明显要多于在研发机构中的人员。2001 年时在高校中从事图书情报工作的人员是研发机构中从事图书情报工作人员的近 14 倍。但到 2014 年在高校中从事图书情报工作的人员仅是研发机构中从事图书情报工作人员的近 1.5 倍，说明在总体规模偏小的大趋势下，在研发机构中从事图书情报工作的人员增幅远远高于在高校中从事图书情报工作的人员。

图书经费的投入增长比较大，1991 年只有 36764 万元，每人图书事业投入经费只有 0.32 元，图书经费占 GDP 比例也只有 0.017%。到 2014 年图书经费投入已经达到 121.2979 亿元，增幅达到 3200%，年均增幅达到 16%。每人图书事业投入经费从 1991 年的 0.32 元到 2014

年的 8.87 元，增幅 2672%，年均增幅 15.5%，增幅略小于图书事业
总经费的投入。主要原因是人口增长的幅度也很大。图书经费占 GDP
比例从 1991 年的 0.017%，到 2014 年的 0.019%，增幅达 11.8%，年
均增长只有 0.48%。图书经费占 GDP 的比例还很少。虽然每年的图书
事业经费投入在增加，而且增加的幅度也很快，但与我国经济快速增
加相比，速度仍然很慢，导致占 GDP 的比例小而且增加缓慢。究其
原因，一是财政投入经费普遍较低；二是经费来源单一，只有财政投
入，缺乏社会资源的投入；三是财政投入缺乏有效监督，没有专门的
立法对经费投入进行保障。

公共图书馆的数量从 1991 年的 2535 个，到 2014 年的 3117 个，
增加了 582 个，增幅达 23%，年均增长只有 0.9%，整体比较平稳。

每百万人拥有的图书馆机构数从 1991 年的 2.19 个，到 2014 年的
2.28 个，几乎变化不大，一方面是因为图书馆数量增加的幅度不大，
另一方面是人口增长的幅度要大于图书馆机构增加的速度。

公共图书馆的藏书量从 1991 年的 30614 万册，到 2014 年的
79092 万册，增加了 48478 万册，翻了一倍还多，增幅达 158%，年
均增长 4.2%。

每万人拥有图书册数从 1991 年的 2643 册，到 2014 年的 5782 册，
增加了 3139 册，增幅达到 119%，年均增长 3.5%。

1991 年发放借阅证数量为 631 万个，2014 年发放借阅证 3944 万
个，增加了 3313 万个，增加了 525%，年均增长达到 8.3%。每万人拥
有借阅证数从 1991 年的 54 个，到 2014 年的 288 个，增幅达 433%，
年均增长达到 7.5%。

图书馆建筑面积从 1991 年的 349.1 万平方米，到 2014 年的

1231.6 万平方米，增加了 882.5 万平方米，增幅达 253%，年均增长达 5.6%。每万人建筑面积从 1991 年的 30.1 平方米，到 2014 年的 90 平方米，建筑面积增加了近 60 平方米，年均增长达 4.9%。

阅览室席数从 1991 年的 34 万个，到 2014 年的 85.6 万个，增加了 51.6 万个，增幅达 152%，年均增长 4.1%。每万人阅览室席数从 1991 年的 2.9 个，增加到 2014 年的 6.3 个。

电子文献资源近些年取得飞速发展，2011 年有电子图书 5822.96 万册，到 2014 年增加到 50673.64 万册，3 年增加了 44850.68 万册，增幅达到 770%，年均增长 106%。与纸质藏书量相比，2011 年纸质藏书量有 63896 万册，当年的纸质藏书量是电子图书藏书量的 11 倍，到 2014 年纸质藏书量仅是电子图书藏书量的 1.56 倍。可见电子资源数量增加速度之快。

高校图书馆电子资源在 2004 年是 1296494 册，到 2009 年已经增加到 8191992 册，增加了 532%，年均增长达到 45%。

高校图书馆的数量几乎和高等教育的数量是一致的，1999 年有 1071 个，到 2015 年有 2560 个，增加了 1489 个，增幅达 139%，年均增长 5.6%。

高校图书馆的馆舍面积在 1999 年是 7464558 平方米，到 2013 年已经增加到 41517302 平方米，增加了 34052744 平方米，增幅达到 456%，年均增长 13%。

高校图书馆中拥有的计算机台数 2004 年为 3230150 台，到 2013 年增加到 9515032 台，增加了 6284882 台，增幅达 195%，年均增长达到 13%。在校大学生每万人拥有的计算机台数从 2004 年的 1615 台，到 2013 年的 2750 台，增幅达到 70.3%，年均增长 6%。高校图书馆中计算机数量的增幅低于大学生增加的速度，导致万人拥有的计算机数量增幅较少。

图书情报学国家社科基金项目从 1998 年的 11 项，到 2016 年的 140 项，增加了 129 项，增幅达 1173%，年均增长 15%。

图书馆学专业毕业生人数在 2002 年时间是 380 人，到 2008 年增加到 565 人，增加了 185 人。①

---

① 张垒. 中国图书馆事业发展综合水平指数测度研究［J］. 大学图书馆学报，2018，36（3）：14-21.

Chapter **4**

图书馆学科建设与图书馆事业发展互动研究

▶ 4.1 图书馆学科建设与图书馆事业发展互动原理 [①]

图书馆学科发展要受到图书馆事业发展的影响和制约，而反过来图书馆学建设的成果和效果又反作用于图书馆事业发展。这种互动不是简单的线性关系，有着复杂的内在机理，就犹如教育与社会发展的关系一样。图书馆学教育的发展受到图书馆事业发展带动的经济、政治、文化、科技等各个领域的变化因素制约。

4.1.1 图书馆学科建设对图书馆事业发展具有较强依存性

图书馆学教育来源于图书馆事业发展的需求，事业发展是学科建设的基础和驱动力。图书馆学教育依赖图书馆事业发展为其提供的各种资源，受到图书馆事业发展水平、政策、技术等因素影响。图书馆事业发展影响和决定着图书馆学教育的规模、结构与速度、教育制度

---

① 张垒. 我国图书馆学科建设与图书馆事业互动发展研究［J］. 图书馆建设，2018（9）：13-17，26.

与体制。

图书馆学教育受到图书馆事业发展水平影响是显而易见的。图书馆事业发展水平提升不仅为图书馆学教育提供了财力物力保障，而且事业发展所带来的社会对专业人才的旺盛需求成为图书馆学教育发展最强劲的动力。图书馆事业发展内在要求影响着图书馆学教育变革，表现为图书馆事业发展水平影响着图书馆学教育结构、教育发展模式、人才培养的规格、图书馆学教育体系层次、教育形式等。因此，图书馆事业发展水平要求图书馆学教育的发展与之相适应。图书馆事业发展政策对图书馆学教育教学、学术自由和创新有着深刻影响。图书馆事业发展新技术支撑对图书馆学教育中人才培养的知识结构、能力结构提出新的要求，变革着图书馆学教育的教学内容、教学手段、教学模式等。

4.1.2 图书馆学科建设是推动图书馆事业发展的动力要素

古典经济学家在强调物质资本和劳动力是经济增长主要因素的同时，也逐渐认识到技术进步对经济增长的作用。熊彼特指出技术创新才是经济增长的源泉。本书认为图书馆学科建设对图书馆事业发展的贡献通过两个途径实现：一是图书馆专业的人才培养为图书馆事业的发展提供劳动力资本，劳动力资本是蕴含在劳动者身上的知识与技能，是图书馆事业创新发展的必要条件。二是图书馆学的理论与科研成果为图书馆事业发展提供技术资本。因此，人才和知识是推动事业发展的重要动力资源要素。

图书馆学教育作为一种专业的教育，通过对劳动者教育与训练使其转换成高水平的专门劳动者，为图书馆事业源源不断地输送人才，为不同时期图书馆事业发展提供人力资源的保障。

图书馆学理论及其相关研究成果，成为推动图书馆事业发展的重要理论支撑。图书馆学的信息组织的分类与主题法使我国图书馆事业管理科学化与规范化。信息描述与组织的元数据是信息资源建设与共享的重要理论基础。对图书馆核心价值的探讨是指导图书馆事业发展方向、塑造形象、回归公益找准事业定位的主要理论支撑。相关学术研究也是图书馆转变服务理念、重塑服务模式的重要依据。而相关的技术成果更是推动图书馆服务、业务自动化、数字图书馆、数字文化遗产保存等重要理论支撑。

4.1.3　图书馆学科建设具有使其阶段性背离图书馆事业发展的独特性

按照科学理论，任何一门独立的学科都要求有学科独立的内在基本要素和外在条件。图书馆学作为一门专门的独立学科教育，其存在有着自己独特的学科理论内核、学科发展特点和规律。这些理论是图书馆学存在的基础，也是图书馆学教育追求的价值体现。正是这种独立的价值体现，使图书馆学区别于别的学科而产生和发展。然而正是这种独特性的坚持，使其有时间发展背离了图书馆事业发展的需求和社会发展的需求。这就要求图书馆学教育在追求学科价值和适应社会需要两者之间保持协调和统一。图书馆学教育应该认识到只有适应社会发展对人才的需求，并据以调整自身的目标，才是图书馆学教育的发展之道。但是，这种"适应"并不是盲目迎合，不是为了适应社会的发展盲目改变学科发展的理论内核，也不能让学科教育具有过度功利性，要逐步扩大学科发展的外延，注重工具性和价值性的统一，理论教育与应用并重，技术与人文并重，只有这样才能使学科发展与事业发展保持良性互动。

4.1.4 二者互动的实质是人力资源和知识资源的要素配置

二者之间的互动表现为图书馆学科教育为图书馆事业发展提供必要的人力资源和知识资源。而图书馆事业发展又促进了图书馆学人力资源和知识结构等要素的聚集。两者互动关系的实质是这两种资源在互动中的调整与适配问题。良性与否表现为这两种资源是否得到优化配置。

▶ 4.2 1949 年后图书馆学科教育与图书馆事业发展互动阶段

1949 年以前，我国图书馆学教育与图书馆事业发展的关系表现为：首先是公共图书馆的产生与发展，要求培养专门的人才，短期的图书馆业务技能培训班形成，这是图书馆学教育的雏形。由于受到西方图书馆学思想的影响，图书馆学教育重视实际操作训练，为图书馆事业发展培养了一批优秀人才。据统计，武昌文华图书馆学专科学校在 1920—1953 年培养了本专科生 354 人，讲习班、职训班学员 289 人。[①]1930 年，该校毕业生中，有 33 人在图书馆任职，其中任馆长的有 29 人。[②] 但受到当时社会环境影响，图书馆学教育和图书馆事业发

---

① 武汉大学信息管理学院. 武汉大学信息管理学院校友名录（1920—2010）[Z]. 武汉：武汉大学信息管理学院，2010.

② 梁建州，梁鱣如. 我国图书馆学、档案学专业教育的摇篮——记武昌文华图书馆学专科学校 [J]. 四川图书馆学报，1996（5）：64-81.

展都举步维艰，发展规模偏小。图书馆学教育虽为图书馆事业发展提供了条件，但图书馆事业发展对图书馆学教育的影响较小，二者的互动并没有明显形成。

4.2.1　互动发展萌芽阶段

中华人民共和国成立后，国家图书馆事业在百废待兴中恢复和发展。国家对民国遗留的私立图书馆进行改造，形成了稳定的公有制图书馆体系：文化系统的公共图书馆、教育系统的学校图书馆、科研系统的专业图书馆、工会系统的工会图书馆以及其他系统的图书馆等。

政策层面将图书馆事业发展纳入国家计划。1957 年国务院批准《全国图书协调方案》。图书馆事业发展的另一个体现是图书馆数量急剧变化。1958 年公共图书馆有 490 个，高等院校图书馆有 235 个，中小学图书馆约 1 万个，中国科学院系统图书馆有 100 多个。工会系统图书馆从无到有，增加到 25419 个。[①]

图书馆事业的快速发展，导致专业人才明显紧缺，促使图书馆学教育的快速发展。图书馆学教育机构逐步增多，教学体系逐步扩大。1953 年，武昌文华图书馆学专科学校并入武汉大学成立图书馆学专修科。1956 年，北京大学、武汉大学两校的图书馆学专修科均改为 4 年制本科。北京大学和武汉大学两校图书馆学系共培养大学本科毕业生约 2000 人，还有中国科技大学图书馆学专修班、吉林师范大学图书馆学专修科、北京文化学院图书馆研究班、西南师范学院图书馆学博

---

① 陈源蒸，张树华，毕世栋. 中国图书馆百年纪事（1840—2000）［M］. 北京：北京图书馆出版社，2004.

物馆学专修科等，培养学生 200 余人。全国图书情报学本科在校人数 1977 年只有 200 多人。

专业教育的不足也促使了业余教育的发展。北京大学图书馆学系自 1956 年起率先创办 4 年制图书馆学专修科函授班，仅当年就招收了 118 人。据不完全统计，这一时期全国各校举办的函授班中，毕业和肄业的图书馆在职人员约 1250 人。

馆藏建设、分类编目、读者服务等图书馆各项业务全面发展。而支撑业务发展的是中华人民共和国成立之后，一批图书馆学人，刘国钧、杜定友、陈鸿舜、毛坤等继续从事图书馆学术研究，探索新中国图书馆事业的发展道路。20 世纪 50 年代后期，新中国培养的图书馆学家彭斐章、黄宗忠、谢灼华等成长起来，确定了社会主义图书馆学理论。

1958—1967 年，图书馆理论知识包括图书馆教材书籍 113 部。如北京大学、武汉大学以及文化部文化学院 3 个单位合作编写了《图书馆学引论》《图书馆藏书与目录》《目录学》《读者工作》。

但在"文革"期间，图书馆学教育遭到一定程度的破坏，北京大学、武汉大学图书馆学系停课和停止招生，图书馆学教育完全处于停顿状态。1968—1977 年图书馆学系列教材仅为 46 部。

这一时期的图书馆学科与图书馆事业都在发展，有着明显的关联性。但由于图书馆事业发展存在冒进现象，导致图书馆学教育滞后于图书馆事业发展，图书馆学与图书馆事业发展并没有形成良好的互动，学科发展为图书馆事业发展提供的人才积累明显不足，图书馆学科发展的理论成果违背专业规律，并没有起到正确指导图书馆事业发展的导向作用。图书馆事业发展也没有为学科建设的人才培养和理论形成积累营造有利的环境。所以，这一时期二者互动没有真正形成，良性互动较少，处在互动的萌芽阶段。表现为图书馆学科教育为图书馆事业发展服务的理念和价值并未形成，图书馆事业发展也并未从图书馆学科教育中提取太多的资源要素。图书馆事业发展状况对学科教育产生的影响较为松散。

4.2.2 互动发展阶段

"文革"后图书馆事业得到复兴与开拓，图书馆数量不断增加，图书馆基础设施逐步改善，建筑面积扩大，图书购置费、文献购置费显著增加，藏书量增多，图书馆从业人员增多。图书馆管理逐步规范，各种政策逐步出台、各种法规陆续颁布。图书馆业务从传统的手工操作的"分类编目"与"闭架管理"拓展到现代化的自动操作的"联机协作"与"集成管理"。

与此同时，中国图书馆学教育进入了一个真正繁荣发展的黄金期。表现为图书馆学教学机构得以恢复和重建、图书馆学课程体系和教学内容改革取得了进展。自 1978 年起，先后有北京大学、上海大学、华东师范大学、安徽大学、北京师范大学、中山大学、四川大学、南开大学等创办图书馆学系。到 1990 年，设置图书馆学系科、专业的普通高等学校达 55 所。

人才招生和培养规模扩大。1978 年—20 世纪 90 年代初，这 50 多家图书馆学教育机构共计培养本科生近 3 万人，专科生近 5 万人，硕士研究生 1000 余人。1980—1990 年，北京大学、武汉大学培养的函授生超过 6000 人。①

---

① 中国图书馆学会. 中国图书馆学学科史［M］. 北京：中国科学技术出版社，2014.

图书馆学教育体系多类型、多层次。1978 年以前，我国图书馆学教育基本上只有本科学制和规模不大的函授专科教育。1978 年，北京大学和武汉大学开始招收图书馆学硕士研究生。1981 年，北京大学、武汉大学建立图书馆学硕士学位授权点。1990 年，北京大学和武汉大学获得图书馆学博士学位授予权。

这一时期图书馆学术期刊和教材进入快速发展时期，20 世纪 80 年代，图书馆学术期刊有 50 种左右，到 90 年代初数量达到 90 种左右。据有关统计，在 20 世纪 80 年代，有国内本专业专著近 700 种，外国图书馆学译著 130 余种。如北京大学和武汉大学合作编著教材《图书馆学基础》《目录学概论》。[①]

1978—1992 年，这一时期特点在于图书馆学科教育与事业发展都取得了较快而稳定的发展。图书馆学教育和图书馆事业发展在政策层面上一起得到重视，如 1980 年，中共中央书记处通过了《图书馆工作汇报提纲》，建议教育部与文化部合作，共同办好现有高等学校的图书馆学和情报学专业。这是改革开放后第一次从国家层面上将图书情报学教育作为对事业发展的支撑。

这一时期图书馆学教育与图书馆事业发展之间互动发展表现为图书馆学教育与图书馆事业之间互相依赖、互相促进，共同发展。图书馆事业的快速发展带动图书馆学教育紧跟其步伐。这一时期图书馆学教育为图书馆事业发展提供了大量的专业人才。图书馆馆员的面貌焕然一新。新的图书馆学思想为现代图书馆事业发展提供新的理论指导，新的课程体系、内容实践教学等注重对学生实践能力的培养，学

---

① 裴成发，李嘉琳 .20 世纪的中国图书馆学教育 [J]. 晋图学刊，1998（4）：1-5.

生通过实习可了解真实的图书馆业务工作环境，适应图书馆事业变化的需求。图书馆学教育新技术引导图书馆事业向着集成化、数字化方向发展。而图书馆事业发展也带动图书馆学人才需求、教学体系变革等需求。

4.2.3 互动相悖阶段

在图书馆事业与图书馆学教育互动发展之中，也曾出现一段二者之间相背离的阶段。这一时期图书馆事业持续蓬勃发展，继续高歌猛进，而此时图书馆学教育却出现滑坡和逆流现象，因此出现了二者互动的相悖阶段。

图书馆事业在转型与变革中持续发展。1995年，国家数字图书馆开始建设。1997年全国图书馆联合编目中心成立。1998年，高校文献信息资源保障体系项目启动，高校图书馆的经费预算普遍增长，地位获得了前所未有的普遍重视。与此同时，国家图书馆的"数字图书馆"项目启动。图书馆自动化集成系统获得广泛推广。2000年，国内首个跨系统的虚拟科技文献信息服务机构"国家科技图书文献中心"（NSTL）建立，形成了"统一采购、规范加工、联合上网、资源共享"的科技文献资源服务体系。各地区都积极建立协作与资源共享体系。这一时期图书馆事业开启了数字化、系统化、集成化的新的转型发展阶段。

受信息化环境的冲击和国外图书馆学教育危机的影响，中国的图书馆学教育出现了调整与转型。随着1992年国家科委将"科技情报"改名为"科技信息"，北京大学把"图书馆学情报学系"更名为"信息管理系"，随后各图书馆学教学机构纷纷改为"信息管理学院（系）"。改名不但没有解决危机，而且产生了新的一系列问题。此时图书馆学教育面临学科定位、专业认可、生源紧缺与就业去向等紧迫问题。

1993 年国家教委重新审定《普通高等学校本科专业目录》，将"图书馆学、信息学、档案学"整合为"历史学"门类下的一级类目"图书信息档案学类"。1997 年国务院学位委员会颁布《授予博士、硕士学位和培养研究生的学科、专业目录》，在"管理学"门类下设"图书馆、情报与档案管理类"一级学科；次年教育部再次修订《普通高等学校本科专业目录》，在"管理学"门类下设"图书档案学类"一级学科。这些调整对图书馆学的独立发展产生了影响。专业目录调整后，在全国高校中图书馆学本科专业已由 20 世纪 90 年代初的 40—50 个下降为 20 个。1999 年，全国开办图书馆学本科专业的院校仅 20 所，有些还停止招生或隔年招生。1998 年，全国有图书馆学术期刊 50 多种。

这一时期大量的图书馆学专业人才毕业后没有流向图书馆工作。而图书馆事业发展的体制问题，比如，待遇、服务理念、人事制度、绩效考评等弊端也不利于图书馆专业人才的集聚。从表面上看，图书馆学教育的调整是为了适应社会变化对图书馆事业发展的变化的互动，究其本质原因在于图书馆学的调整不是为了保持学科发展对事业发展的支撑，而是盲目追求新技术、盲目追求社会潮流，忽视了图书馆事业发展对图书馆学科发展内在核心价值理论的需求，变成了适应图书馆事业发展的一种工具。这种互动其实是相互背离的，并不是良性的互动。

4.2.4 互动融合阶段

在经历了学科教育与图书馆事业发展的互动发展、互动相悖阶段后，社会对图书馆学办学宗旨的追求，图书馆事业对图书馆学要素提供的要求，以及社会发展对两者良性互动发展的要求，迫使二者之间的发展必须协调、一致、合作。互动融合成为二者长期稳定发展的不二选择。教育理念的回归、文化事业的繁荣、信息技术的应用为二者融合发展提供了条件。这一阶段的特点是节约了学科教育的成本，提高了教育的效率。

2000 年以后，图书馆学教育迎来创新发展阶段。这一阶段，图书馆学与情报学、档案学教育走向融合，学科建设取得突破性进展，教育主题多元化、师资队伍结构明显改善、课程体系在改革中不断完善、教育走向规范化，一级学科博士点和博士后流动站相继设立。专业学位教育为图书情报学教育注入新的活力。在国外"Library and Information Science"和 iSchools 运动的影响下，国内图书馆学走向与情报学、档案学、信息科学、计算机科学等多学科融合的大学科群，来主动适应社会变化和图书馆事业发展对图书馆学的要求。图书馆学为社会发展提供的专业人才数量逐步增多，2002 年有图书馆学毕业生380 人，到 2008 年达到 565 人。

图书馆学教育提供的知识与科技成果也越来越多，2000 年发表图书情报学科 CSSCI 论文 3579 篇，到 2015 年为 5982 篇。根据国家知识产权局网站统计，2000 年申请图书馆相关发明专利 3 件，到 2016 为 84 件。2000 年获批图书情报文献学国家基金项目 13 项，到 2016 年为 140 项。2006 年以后图书馆学向社会提供的教材图书每年保持在200 部以上。图书馆期刊进入稳定发展期，目前根据知网统计的图书情报与数字图书馆杂志共有 46 种。

图书馆学术理论研究走向高潮，图书馆精神、图书馆权利、图书馆制度等图书馆学理论突破与创新对图书馆事业发展精神价值理念的树立具有重要的作用。信息技术促使图书馆学科体系的成长与转型。

相关知识成果产出增多。

而此时随着社会发展与公共文化服务体系逐步完善，我国图书馆事业终于迈进一个欣欣向荣的发展时期：各类型图书馆持续增长，规范化建设逐步推进，业务变革不断加强，资源共享也已实现，学术研究硕果累累，学科教育快速发展，交流合作不断深化，数字图书馆建设日新月异。

2000 年我国有公共图书馆 2675 个，藏书量为 40953 万册，公共图书馆有从业人员 51342 人，图书投入经费为 163799 万元，建筑面积为 598.2 万平方米，阅览室座位 41.6 万个。到 2014 年公共图书馆 3117 个，增加了 16.5% 左右。藏书量为 79092 万册，增加了 93%，年均增幅 4.8%。公共图书馆有从业人员 56071 人，增加了 4729 人。图书投入经费为 1212979 万元，增幅达 641%，年均增幅达 15.4% 左右。建筑面积为 1231.6 万平方米，增加 106%。阅览室座位 85.6 万个，增加 44 万个，增幅达 106%，见表 4-1。

表 4-1 公共图书馆基础数据（根据统计年鉴整理）

年份	图书馆事业从业人员（人）	图书经费投入（万元）	建筑面积（万平方米）	阅览室席数（万个）	图书馆数量（个）	藏书量（万册）
2000	51342	163799	598.2	41.6	2675	40953
2001	48579	183368	561.8	43.7	2696	42130
2002	48447	213322	582.8	43.9	2697	42683
2003	49646	242188	588.6	46.1	2709	43776
2004	49069	281234	625.1	47.2	2720	46152
2005	50423	325880	677	48	2762	48056
2006	51311	366089	718.9	50	2778	50024

续表

年份	图书馆事业从业人员（人）	图书经费投入（万元）	建筑面积（万平方米）	阅览室席数（万个）	图书馆数量（个）	藏书量（万册）
2007	51650	450512	741.4	52.7	2799	52053
2008	52021	531926	780	55.4	2820	55064
2009	52688	613175	850.3	60.2	2850	58521
2010	53564	646085	900.4	63.1	2884	61726
2011	54475	813232	994.9	68.1	2952	63896
2012	54997	1002068	1058.4	73.5	3076	68827
2013	56320	1151163	1158.5	81	3112	74896
2014	56071	1212979	1231.6	85.6	3117	79092

高校图书馆数量在 2013 年达到 2491 个，2004 年高校图书馆面积为 21881431 平方米，每人在校大学生拥有建筑面积为 1.09 平方米，到 2013 年增加到 1.20。2004 全国高校图书馆的藏书量为 112678.1 万册，平均每名大学生拥有图书 56 册。2013 年全国高校图书馆的藏书量为 221300.9 万册，平均每名大学生拥有图书 64 册。高校图书馆电子资源在 2005 年是 48971.87 万册，平均每名大学生拥有电子资源数量为 21 册。到 2009 年已经增加到 72453.79 万册，平均每名大学生拥有电子资源数量为 25 册。2004 年高校图书馆中拥有的计算机台数为 3230150 台，当年的在校大学生为 2000 万人，每万名在校大学生拥有电脑数量为 1615 台。到 2013 年计算机增加到 9515032 台，增加了 6284882 台，增幅达 195%，年均增幅达到 13%。2001 年全国高校和科研院所投入图书情报经费 834 万元。2013 年全国高校和科研院所投入图书情报经费增加到 20782 万元，

平均增幅达到 30.7%（见表 4-2）。①

表 4-2　高校图书馆数据（根据统计年鉴整理）

年度	高校图书馆数量（个）	图书馆面积（平方米）	图书（万册）	电子资源数量（万册）	计算机（台）	图情专业人员（人）	投入经费（万元）
2001	1225	10781741				1161	834
2002	1396					1500	2115
2003	1552					4558	13141
2004	1731	21881431	112678.1		3230150	1740	5943
2005	1792	25058838	127462.9	48971.87	3762995	1930	7266
2006	1867	29189300	142744.5	49682	4313792	2313	12295
2007	1908	31718058	158850.8	61795	4825788	2323	14810
2008	2263	31016453	169205	72453.79	5108411	2445	28851
2009	2305	33954892	182241		5468908	2067	10396
2010	2358					2131	13682
2011	2409					2758	28542
2012	2442					3113	23556
2013	2491	41517302	221300.9		9515032	2676	20782

这一时期图书馆学科教育与图书馆事业发展实现了真正的互动融合阶段。图书馆学科教育为事业发展提供专业的人才和知识，对事业发展的贡献越来越大，图书馆学教育的社会地位也越来越高。而图书馆事业发展的成果也促使社会对图书馆学教育越来越重视。

---

① 张垒. 中国图书馆事业发展综合水平指数测度研究［J］. 大学图书馆学报，2018，36（3）：14-21.

▶ 4.3 图书馆学科建设与图书馆事业互动发展中存在问题

4.3.1 图书馆事业发展对图书馆学科建设的带动力有限

学科发展具有多维性、滞后性等特点，但学科教育的知识传递、人才培养、效率生产等作用对于事业发展和转型具有密切关联。为了使图书馆学科建设在事业发展转型中具有合适性和有效性，需要发挥图书馆事业发展对图书馆学科教育的带动变革作用。

但由于图书馆事业发展与图书馆学科建设之间的互动效果不明显，互动关联性不强以及图书馆事业发展本身存在问题，导致图书馆事业发展对图书馆学科建设不能提供有效需求，带动作用有限。我国图书馆事业发展还存在发展不够科学、管理机制存在弊端、对专业人才的需求度低、缺乏先进理念、先进专业知识指导等问题。这种粗放式的发展与管理模式制约了图书馆学专业的发展。

因此，图书馆事业发展对图书馆学发展的带动力有限。一是表现事业发展为图书馆学人才需求提供的岗位并不充足，现行图书馆事业发展的体制导致了大部分图书馆学专业人才毕业后不能顺利从事图书馆工作，而且在管理体制、职称待遇、职业规划上没有提供更好的保障。统计数据表明，2002 年图书馆学专业毕业生人数为 380 人，而当年公共图书馆的从业人员有 48447 人，图书馆学专业人数只占图书馆从业人数的 0.78%。这一比例到 2008 年才上升为 1.04%。数据分析足以表明图书馆事业对图书馆学专业人才需求的带动作用有限。二是图书馆事业发展过程中并没有很好贯彻落实图书馆学界呼吁的价值理念和理论思想。

4.3.2 图书馆学科教育的社会化程度低，不能有效支撑图书馆事业发展

从学科服务效用层面来看，学科作为科学研究和技术创新的原生动力，致力于适应事业发展需求的科技创新。提高学科建设与事业发展的适配性，有利于学科对事业的支撑作用。图书馆学社会化是图书馆学教育作为社会实践活动，通过内容调整和方法的创新，不断与社会适应和超越的过程。社会化程度体现其对社会服务适应程度。

纵观我国的图书馆学教育，虽然这些年取得了很大的成就，但图书馆学教育作为一个小众的学科教育，其社会影响力和社会认可度仍然很低。社会对其认知存在一定的片面性，也导致其职业需求受到影响。因此，图书馆学教育为社会服务的能力有限，其人才培养相对于别的学科人才培养少，科学成果被社会应用少，导致其社会化程度低。

4.3.3 图书馆学新兴交叉学科发展滞后，不能起到有效引领图书馆事业发展的作用

从学科建设学术层面看，学科建设通过科研创新的形成对事业发展具有先导性的引领性作用。随着科学发展的高度综合与分化，图书馆学交叉学科也在快速形成与扩张。形成了包括图书馆史学、图书馆经济学、图书馆心理学、图书馆美学、图书馆职业学、图书馆伦理学、图书馆管理学、图书馆评价学、信息经济学、信息政策、信息伦理学、信息法学等体系。图书馆学交叉学科的产生与发展，扩展了图书馆学的研究领域，填补和开发了薄弱的研究层面，从多角度、多

层面对图书馆学研究对象展开了共识性的横向研究与历时性的纵向研究，增强了学科体系的内在自生能力[①]。但图书馆交叉学科的建设与发展仍然滞后，理论界对发展图书馆交叉学科存在争议[②]，尤其是图书馆学受到技术影响比较大的学科，对于现阶段如何利用好新兴技术，发展交叉学科，理论界研究较少，导致不能有效发挥新兴学科、新兴研究方向对图书馆事业发展的引领作用。

4.3.4 图书馆学科尚未形成有效的学科集群融合效应

学科集群是若干个学科有机结合形成的跨学科群体，多学科间产生的依赖、促进、移植等互动行为，使其逐渐形成进行人才培养、科学研究和技术开发的多学科有机综合体。研究表明，学科群建设越集聚，其集群效果越明显，学科服务地方经济建设效率越高、创新能力越强和促进事业发展的效果越明显。由于图书馆学科与别的学科交叉融合研究基础薄弱，加之图书馆学专业建设规模偏小，难以形成具有集聚效应的学科群，学科建设的集聚效应没有有效形成。

---

① 陈文勇. 谈图书馆学交叉学科的结构与功能［J］. 中国图书馆学报，1998（5）：78-81.

② 高德耀. 开展与图书馆学有关的交叉学科领域的研究是"偏差"吗？——同吴志荣同志商榷［J］. 图书情报工作，1993（6）：51-52.

Chapter **5**

图书馆事业发展视域下图书馆学学科建设逻辑嬗变

▶ 5.1 图书馆学学科建设逻辑演变的理论基础

5.1.1　学科教育历史分期研究是其逻辑演变的依据

通过阶段划分，总结不同历史阶段的特点，揭示发展变化规律，探寻"变"的方向①，是对历史发展的一种逻辑认识手段。遵循的逻辑标准不一，划分的阶段也不一样。关于中国图书馆学、图书馆学教育发展研究有不同的划分标准，如戴滨②将中国图书馆学教育划分为：创立与初期发展时期（1920—1949 年）、调整与稳定时期（1950—1966 年）、停顿与不正规恢复时期（1967—1977 年）、迅速发展时期（1978—1989 年）四个阶段。王子舟③将中国图书馆学教育划分为中国图书馆学教育的开端及第一个繁荣期（1920—1949 年）、图书馆学教

---

① 肖希明."国史"与"图书馆史"融合的历史分期——现当代中国图书馆史分期探讨［J］.中国图书馆学报，2015（3）：15-23.

② 戴滨.我国图书馆学正规教育的历史变迁［J］.图书情报工作，1996（5）：72-74.

③ 王子舟.中国图书馆学教育九十年回望与反思［J］.中国图书馆学报，2009（6）：70-78、96.

育第二次繁荣及其跌落（1950—1977 年）、图书馆学教育的第三个繁荣期及其走低与再兴阶段（1978—2008 年）三个历史阶段。肖希明[①]将百年中国图书馆学教育分为民国时期、1950—1977 年和改革开放以来三个历史时期。肖希明、倪萍将中国图书馆学教育的发展分为：1949—1966 年缓慢而曲折的发展阶段、1967—1977 年停滞与倒退的阶段、1978—1989 年重建与迅速发展阶段、1990—1999 年调整与改革的阶段、2000 年以后转型与创新五个阶段[②]。肖希明、温阳将改革开放以来的图书馆学教育分为 1978 年—20 世纪 80 年代的初步建立时期、20 世纪 90 年代向高层次发展时期和进入 21 世纪以后的进一步完善三个时期。[③]谢欢[④]将百年中国图书馆学教育分为发轫期（1920 年—1941 年 7 月）、成长期（1941 年 8 月—1949 年 9 月）、转型期（1949 年 10 月—1966 年 4 月）、停滞期（1966 年 5 月—1976 年 10 月）、恢复发展时期（1976 年 11 月—1992 年 9 月）、突破变革时期（1992 年 10 月—　　）六个历史分期。上述以历史时期、教育发展等为逻辑划分的研究，为认清学科教育的发展脉络、发展规律提供有益的价值。但作为实践中产生的一门学科，图书馆学科发展与图书馆事业关系密切，图书馆学教育旨在满足图书馆事业的发展需求，图书馆事业的发

---

① 肖希明. 中国百年图书馆学教育与社会的互动发展［J］. 中国图书馆学报，2017，43（3）：4–17.

② 肖希明，倪萍. 新中国 70 年图书馆学教育的发展与变革［J］. 图书与情报，2019（5）：1–12，38.

③ 肖希明，温阳. 改革开放以来我国多层次图书馆学教育体系的建立与发展［J］. 图书馆，2019（1）：1–8.

④ 谢欢. 中国图书馆学教育百年历史分期研究［J］. 中国图书学报，2020，46（2）：114–125.

展必然会反哺图书馆学科建设。同时，图书馆学科作为一门独立的学科，在建设的过程中有自己独立的学科知识体系。所以图书馆学科建设的实际发展历程肯定是受学科知识发展规律驱动和事业发展政策双重博弈影响，而表现出的不同阶段性特征，并呈现出一定的规律性。

5.1.2 学科建设与事业发展关系理论基础

学科作为大学构建的基本元素和发展基石，与大学关系密切，尤其在"双一流"政策背景下，大学与学科的关系更加紧密，大学学科建设水平决定了大学的办学特色和水平。学科建设是大学发展中具有战略性地位的基础建设，是大学人才培育的基本单元，是科学研究的重要平台、是服务社会的基础，是学术交流的重要载体，加强学科建设是大学发展的重要基础。高等教育作为社会的一个子系统，与外部环境进行着物质、能量和信息的交换。高等教育为社会提供人才和知识支撑，社会为高等教育发展提供必要的资源和政策影响。系统耦合理论是二者之间关系研究的理论支撑，紧密耦合、非耦合和松散耦合是二者关系的三种状态[①]，这种关系的背后受到高等教育发展哲学理论观的影响，高等教育组织理论认为，在高等教育发展、学科建设、学科结构调整中存在学科逻辑与应用逻辑两种逻辑。学科逻辑认为以学科为中心是高等教育发展的必然要求，它主张认知理性主导高等教育、学科发展。应用逻辑则强调高等教育与社会经济的内在关联，它受到实践理性乃至工具理性的宰制。随着高等教育被赋予更多知识生产、人才培养、社会服务等使命，开放、复杂、多样、分层、分化是

---

① 周光礼. 国家工业化与现代职业教育——高等教育与社会经济的耦合分析 [J]. 高等工程教育研究，2014（3）：55–61.

高等教育发展的内在规律，这种二元对立的简化逻辑哲学难以为继[①]。以知识生产与传承为核心的学科逻辑与强调"外部适应性"的应用逻辑同构共生是学科结构调整的发展趋势。中华人民共和国成立后，高等教育、学科建设与社会关系先后经历了应用逻辑主导的紧密耦合阶段、学科逻辑主导的非耦合阶段以及学科逻辑、应用逻辑同构共生的松散耦合阶段。

▷ 5.2 图书馆学学科嬗变逻辑及其与图书馆事业发展关系

本书阶段划分的逻辑标准是图书馆学科自身发展的学科建设逻辑以及与图书馆事业发展关系的应用逻辑。基于此，本书把图书馆学科建设分为四个阶段：受图书馆事业发展应用逻辑主导的学科建设阶段、遵循学科逻辑的图书馆学科发展阶段、学科逻辑与应用逻辑同构共生的图书馆学科发展阶段、图书馆学科建设与图书馆事业发展高质量耦合阶段。

5.2.1 图书馆事业发展需求应用逻辑主导下的图书馆学科调整阶段（1949—1978 年）

此阶段在应用逻辑主导下，国家建设主导教育发展与学科结构调整，学科建设要围绕国家事业发展、图书馆事业发展，呈现出学科建设与图书馆事业发展紧密的耦合关系，但忽视了学科建设的规律。

---

① 姚荣. 应用逻辑的制度化：国家工业化与高等教育结构调整［J］. 清华大学教育研究，2015，36（5）：47-52，82.

中华人民共和国成立后，随着我国开始大规模的经济建设，中国的图书馆事业取得了令人瞩目的成绩。由于政治上的集中统一和经济上以公有制为主体，图书馆事业的快速发展需要大量的专业人才，所以此时的图书馆学科建设以满足国家对图书馆事业发展需求为主。此阶段学科建设的特点为：（1）私立教育改为公办，满足计划体制下的事业发展。通过调整办学机构的所有制性质，实现国家通过对教育政策、学科结构计划实现国家建设的需求。如1951年武昌文华图书馆学专科学校由文化部接管，改私立为公立。（2）成人教育、函授教育、业余教育蓬勃兴起以满足事业建设需求。这一时期由于图书馆学专业普通高等教育发展不足，亟须开展立足于图书馆事业发展对图书馆学专业知识、实践技能教育需求的图书馆学短期教育（成人教育、业务教育、函授教育），以解决图书馆事业发展急需的人才问题。1949—1956年，图书馆学成人教育人数达到1000余人，而同时期的图书馆学高等学校教育人数只有327人[①]。1956年和1960年，北京大学图书馆学系和武汉大学图书馆学系先后开办了图书馆学函授专修班，至1965年两校在全国30个省市设立了函授站，共招生1253人[②]。（3）图书馆学科专业设置按照产业部门行业分类需求，进行专门化教育。受国家为加快经济建设和满足社会发展的需要，将高等院校人才培养向工科倾斜，削减文科的政策影响，图书馆学科专业进行调整合并。在国家政策的约束以及苏联教学的影响下，图书馆学科教育变成专门化教育、专业细分教育。（4）图书馆学科建设为政治、思想和阶级斗

---

① 石庆功，肖希明. 新中国17年图书馆学成人教育的历史回顾与思考［J］. 图书馆杂志，2020，39（5）：6–12.

② 中国图书馆学会. 中国图书馆学学科史［M］. 北京：中国科学技术出版社，2014.

争服务，违背学科发展规律。图书馆学教育目标首要考虑的是思想性、阶级性。如 1956 年图书馆学教育采取上山下乡以达到理论联系实际，北京大学删减业务课，增加劳动实践，业务课削减了近 50%，文化课减少 40%[①]。如 1958 年，受"大跃进"运动的影响，图书馆学课程主要按图书馆类型设置，以图书馆具体工作代替课堂教学，把政策条文、工作做法和经验作为教学内容，破坏了课程体系和教学内容的系统性与完整性，严重违背了教育规律。（5）应用逻辑主导的学科建设受"苏式"教育影响严重。在专才教育、分学科教学理念、教材建设和教学内容体系和留学生培养上，苏联图书馆学教育为中国提供许多经验。但过于浓重的意识形态色彩，也给中国图书馆学教育带来了消极影响[②]。

此阶段中国图书馆学教育为了适应社会变革进行调整和发展，取得过成绩但也经历过曲折甚至停滞，其间的经验与教训十分深刻。图书馆学教育为社会输出大量人才，但受政治体制影响、事业发展需求影响，学科建设违背学科生长规律，既抛弃了前贤积累的图书馆学教育的优良传统，又脱离了世界图书馆学教育的主流发展趋势。

5.2.2 学科逻辑主导下的图书馆学科建设大众化发展阶段（1978—2002 年）

此阶段学科建设遵循学科知识内生逻辑的规律，知识演化，自主设置，以学科建设为核心的高等教育理念成为主流，高等教育向大众化发展，图书馆学科建设呈现教育去职业化、内卷化、图书馆学科建设与图

---

① 张树华. 北京大学图书馆学系发展史［J］. 图书馆杂志，1983（1）：55–58.
② 肖希明，倪萍. 新中国 70 年图书馆学教育的发展与变革［J］. 图书与情报，2019（5）：1–12，38.

书馆事业发展非耦合关系等特性。

改革开放后全国的工作重点转到社会主义现代化建设上，教育、科技、文化事业迎来大发展，计划经济条件下的学科结构严重制约了学科发展，学科结构的适当调整既是适应经济社会发展阶段变化的客观要求，也是其自身发展的内在需要。图书馆学教育也开始恢复和重建，在此过程中图书馆学科建设规模迅速扩大，并且学科建设遵循学科知识生长规律，自主设置，进入大众化发展阶段。

特点为：（1）学科自主设置、规模扩大。1978年起图书馆学教育迅猛发展，办学点迅速扩张，规模急剧扩大。先后有北京大学、上海大学、华东师范大学、安徽大学、北京师范大学、中山大学、兰州大学、四川大学、南开大学、湘潭大学、河北大学等兴办图书馆学教育。到1990年，设置图书馆学系科、专业的普通高等学校达55所[①]，招生规模从1977年在校生人数200多人，发展到1987年的6300多人[②]。（2）学科体系完善，教育去职业化。在以学科建设为核心的高等教育理念主导下学科体系健全，1978年以前图书馆学只有函授职业教育和本科学制。1981年，教育部批准北京大学、武汉大学建立图书馆学硕士学位授权点。1990年，北京大学、武汉大学获得图书馆学情报学博士学位授予权。2000年，武汉大学、北京大学获得"图书馆、情报与档案管理"一级学科博士学位授权点。然而，20世纪90年代以来，随着图书馆事业发展对专业人才层次和结构需求层次的提高，图书馆学专科及专科以下教育逐渐萎缩，本科层次教育在调整中趋于稳

---

① 倪波，郑建明.图书馆学信息学教育的发展与成就［G］//《中国图书馆学年鉴》编委会.中国图书馆年鉴1996.北京：北京图书馆出版社，1997.

② 郑章飞.中国图书馆学教育概论［M］.长沙：国防科技大学出版社，2001.

定，而高层次的研究生教育发展壮大，由专科—本科—硕士—博士构成的多层次、多类型的图书馆学教育体系趋于成型[①]。（3）学科建设遵循学科知识内生增长规律，学科逻辑推动了学科专业目录的设置，学科地位得以稳定。以经验为主的图书馆学科地位一直得不到认可。而随着以学科逻辑主导的图书馆学科发展，学科基本理论的研究深化，学科地位、学科认同感得以提升。确立学科核心知识、核心课程体系，增加计算机、情报科学、数字图书馆、图书馆自动化等新兴知识。课程内容建设扬弃了经验图书馆学，引进和借鉴西方图书馆学理论和思想，构建了以现代科学精神为基本导向的新型图书馆学[②]，探索自编教材、设置了实验课程，构建实践教学。1981 年图书馆学归于文学类，1993 年的《普通高等学校本科专业目录》将图书馆学归于历史学类，1998 年的《普通高等学校本科专业目录》将图书馆学归于管理学类。而在研究生学位授予层面，1983 年将图书馆学归于中国语言文学一级学科下，1990 年归于理学之下，1997 年学科授予专业目录将图书馆学归于管理学之下。至此，图书馆学的学科属性和定位基本稳定[③]。（4）学科建设与事业发展非耦合。学科建设的理论知识成果输出滞后于事业发展的需求。学科建设的人才培养不能满足事业发展的需求，也不愿意从事图书馆事业，影响到图书馆学科建设人才培养的生源。图书馆学教育与图书馆事业发展之间的鸿沟愈演愈烈，与图书馆

① 肖希明，温阳.改革开放以来我国多层次图书馆学教育体系的建立与发展［J］.图书馆，2019（1）：1–8.

② 范并思.图书馆学理论道路的迷茫、艰辛与光荣——中国图书馆学暨《中国图书馆学报》六十年［J］.中国图书馆学报，2017（1）：4–16.

③ 肖希明，倪萍.新中国 70 年图书馆学教育的发展与变革［J］.图书与情报，2019（5）：1–12，38.

职业之间的隔膜逐渐增加①。（5）学科建设出现内卷化。学科发展逻辑
主导下的学科发展规模扩大，学科建设与社会需求符合度低，加之受
信息技术影响，图书馆学科建设出现"改名潮"，"图书情报学院（系）"
多数改名为"信息管理学院（系）"，然而改名本是为了适应社会对信
息管理人才的需求，但由于学科建设内容配套跟不上，导致图书馆学
科建设出现内卷化，学科建设反而逐步丧失话语权和被边缘化。

5.2.3 学科逻辑与应用逻辑同构共生的图书馆学科发展阶段（2002—2014 年）

学科逻辑主导下的图书馆学科建设滞后于图书馆事业发展，学科
审批行政色彩明显、学科划分逻辑不清、归属不科学等问题。而教育
的发展需要以学科建设和结构调整为依托，提高内部适切性，增强外
部适切性。图书馆学科建设在注重学科自身发展规律的同时，更加注
重与社会的关系和对图书馆事业发展的贡献。学科逻辑与应用逻辑的
互动平衡是图书馆学科建设遵循进而追求的规律。

此阶段图书馆学科建设的特点：（1）学科建设结构调整，科学合
理找准定位。针对学科建设逻辑主导下的图书馆学科盲目扩张，质量
参差不齐，本阶段图书馆学科建设协调教育规模，完善教育层次、体
系、结构，图书馆学科专科层次的教育逐渐退出学科建设体系，以培
养应用型、复合型高层次职业人才为目标的图书情报硕士专业学位教
育受到重视，硕士点大幅增加，博士学位授权点和博士后流动站在不
断发展壮大。（2）学科建设标准化、规范化，重点学科建设取得突破。

---

① 吴建中．图书馆教育的反思［J］．大学图书情报学刊，2019（2）：3-6.

2002 年，教育部成立高等学校图书馆学科教学指导委员会，制定了《图书馆学学科中长期规划》《高等学校图书馆学本科教学指导性专业规范》，制定了本科图书馆学教学质量国家标准及实施方案等。2002年，北京大学与武汉大学的图书馆学被评为国家重点学科。2007 年，北京大学、武汉大学的图书馆学、"图书馆、情报与档案管理"一级学科被评为国家重点学科。（3）学科建设与事业发展呈现松散耦合关联。与以应用逻辑主导下图书馆学学科与图书馆事业高度匹配，违背学科发展规律，以学科逻辑主导下学科建设与图书馆事业发展相互背离不同，而此阶段图书馆学科建设注重与事业发展、社会的关联，注重对社会的贡献。如在 iSchools 运动的影响下，我国图书馆学科调整人才培养模式，面向更为宽广的信息职业教育，培养在各种不同信息领域从事信息发现、搜集、组织、加工、开发和利用的专业人才[1]。如建立专业学位教育，实现学科教育与图书情报职业的有效对接。

此阶段图书馆学界虽然认识到图书馆学科建设既要遵循学科发展规律，也要注重学科建设与外部的关系，由于受外部环境影响，图书馆学科建设仍然面临学科建设去图书馆化、学科建设与事业发展脱节现象。

5.2.4 新时代图书馆事业高质量与图书馆学一流学科耦合（2015 年至今）

当前，我国图书馆事业已进入从追求数量规模向追求服务质量和

---

① 肖希明，倪萍 . 新中国 70 年图书馆学教育的发展与变革［J］. 图书与情报，2019（5）：1-12，38.

内涵提升的新时代[①]，而我国的高等教育也进入一流建设阶段。一流学科建设面向国家重大战略需求，突出与产业发展、社会需求、科技前沿紧密衔接。因此，此阶段图书馆学学科建设的逻辑仍然是学科逻辑与应用逻辑的同构共生，二者协调发展的关系仍然保持松散耦合，只不过在图书馆事业高质量发展阶段，需要图书馆学学科建设实现一流建设，二者在高质量上实现协调发展。当然这一阶段由于时间较短，并没有明显的高质量耦合发展效果，未来这是图书馆学科建设与图书馆事业关系重构的关键。

此阶段学科建设特点及未来呈现特征：（1）学科建设成效显著。2017 年，武汉大学、南京大学和中国人民大学的"图书馆、情报与档案管理"入选国家"双一流"建设学科名单。截至 2018 年，我国共有 13 个图书馆、情报与档案管理一级学科博士学位授权点，图书情报与档案管理博士后流动站 11 个。[②]（2）图书馆学科建设与图书馆事业发展实现高质量同构共生、协调发展。图书馆一流学科建设的人才培养、科学研究、社会服务、文化建设、国际化任务和图书馆事业高质量发展的创新、协调、绿色、开放、共享理念高度契合。

---

① 吴建中.高质量社会发展背景下图书馆面临的新课题［J］.图书馆建设，2018（4）：31-34.

② 肖希明，温阳.改革开放以来我国多层次图书馆学教育体系的建立与发展［J］.图书馆，2019（1）：1-8.

▶ 5.3 新时代图书馆学学科建设与图书馆事业发展关系重构路径

5.3.1 转变学科建设逻辑哲学、重塑高质量的学科建设与事业发展松散耦合关系

如今高等教育已发展成一个开放、复杂的系统，与社会的互动以及在社会发展中承担的使命越来越重要。无论是强调以学科为中心的认识论，还是以工具主义为价值判断的政治论，都难以满足高等教育的学科建设以完成社会使命。高等教育的学科结构调整迫切超越应用逻辑与科学逻辑主导的二元对立。但长期以来图书馆学科建设形成了两种路径依赖效应：一种是学科建设一味满足社会发展需求、追求建设新理念、新技术、新领域而形成的应用逻辑主导路径依赖。另一种是追求学科发展规律、保守学科核心基础知识而形成的学科合法性路径效应。新时代的图书馆学科建设必须适应社会经济和文化发展的需要，同时必须遵循图书馆学教育自身的发展规律，保持图书馆学科的科学独立性，彰显图书馆学科建设的内部适切性，提高图书馆学科建设与图书馆事业发展的耦合度，增强学科建设的外部适切性是正确处理二者关系的关键。因此，转变图书馆学科建设与图书馆事业发展关系的逻辑哲学，构建二者松散耦合关系是学科建设的正确路径。况且，在图书馆事业高质量发展与图书馆一流学科建设的新时代，二者的松散耦合关系找到新的契合点，表现为图书馆一流学科建设的人才培养、科学研究、社会服务、文化建设、国际化等要求图书馆事业一流服务、一流资源、一流环境、一流技术、一流制度等战略定位与之契合。

5.3.2 突出内涵建设、服务事业发展

《统筹推进世界一流大学和一流学科建设实施办法（暂行）》对一流学科的要求是"打造学科领域高峰""着力解决经济社会中的重大战略问题"。从这两个要求可以看出，一流学科建设一是要注重学科内涵建设，遵循学科建设知识体系，突出特色打造学科高峰。二是学科建设要解决社会关切，服务国家需求。图书馆一流学科建设要在遵循学科发展规律的基础上，坚守学科核心知识体系，坚守学术研究的主阵地，提升人才培养水平，增强科研能力，坚守学科建设为图书馆事业培养人才的使命，主动对接国家战略、契合图书馆事业发展的方向，宏观上树立学科建设与事业发展协同共进的发展意识和松散耦合关系，微观上构建多元化的学科建设调整和动力机制。

5.3.3 以新时代图书馆事业新使命增强图书馆学学科建设外部适切性

图书馆发展经历了藏书楼、公共图书馆、传统图书馆、数字图书馆、智慧图书馆等形态。随着社会发展，图书馆担负的使命也一直拓展，从文献保存、文化传承到教育使命、文化使命和信息使命[1]、阅读推广使命[2]、知识中心、文化中心、学习中心[3]、创新中心等，使命决定

---

① 柯平. 公共图书馆的使命——《公共图书馆宣言》在公共图书馆事业发展中的价值 [J]. 图书馆建设，2019（6）：13-19.

② 童心. 当代公共图书馆的使命传承——早期图书馆人的愿景为参照 [J]. 图书馆研究与工作，2019（5）：20-23.

③ 程焕文. 图书馆的价值与使命 [J]. 图书馆杂志，2013，32（3）：4-8.

了图书馆事业未来的发展方向，未来图书馆资源建设的多元融合、科学关联；形态的数字化、虚拟化、可移动、智慧化；知识服务功能的转变与提升，决定了新时代图书馆事业使命的拓展，包括知识组织、数据服务、嵌入式服务、智库服务、智慧服务、辅助创新、传承历史、推动科普、引领科学发展等 [1][2]。新时代图书馆事业新使命要求图书馆学科建设必须顺应时代变化，提高服务事业发展、社会需求、国家战略的能力，增强学科建设的外部适切性。具体表现为学科建设的人才培养能够适应图书馆事业发展对具有新技术、新力量、新方法人才的需求，推动教育机构与用人单位的联合培养、协同育人机制，强化职业能力培养，完善面向专业领域的知识结构，转变图书馆专业人才的"中介"观念，培养具有分析、挖掘、激发并满足用户需求，将数据、信息转化为情报、知识、智慧；嵌入用户知识创造过程；创造性解决用户需求能力的人才 [3]。提升学术交流、学术研究能力，重视学术规范，新时代图书馆学理论要与图书馆事业协同互动发展。

5.3.4 以新技术、新业态、新环境增强图书馆学学科建设内部适切性

以大数据、人工智能、关联数据、云计算、区块链为代表的新技术，以网络空间、虚拟空间、智慧图书馆为代表的新环境，以数据多

---

① 苏新宁. 新时代图书馆使命与未来图书馆学教育之思考 [J]. 中国图书馆学报，2020，46（1）：53-62.

② 初景利，赵艳. 图书馆从资源能力到服务能力的转型变革 [J]. 图书情报工作，2019，63（1）：11-17.

③ 初景利. 嵌入式图书馆服务的理论突破 [J]. 大学图书馆学报，2013，31（6）：5-9.

元融合为代表的新业态给图书馆学学科和图书馆事业的发展带来了前所未有的机遇和挑战。面对新技术、新业态、新环境，图书馆学必须从以下几个方面培育学科建设的新动力，增加外部适切性。

扩展图书馆学学科建设知识体系，图书馆学学科知识分类标准和研究对象要从以文献信息为主扩展转化为数据、知识、情报、智慧为主，学科知识体系要包括文献管理与服务、信息采集与组织、数据治理与分析、情报研究与分析、数字出版与服务、智库研究与咨询服务等。学科属性从人文社科主导的管理学科，到人文与技术双主导的管理学科[①]，学科体系建设上注重与情报学、档案学、信息科学、数据科学、计算科学等学科全面交叉融合，探索新的学科知识体系中图书馆学科的定位。

以专业建设提高图书馆学学科建设内部适切性。图书馆学专业教育是图书馆学科建设人才培养的载体，通过对专业培养方案、课程体系、教学内容设置调整学科的结构。培养计划与事业需求相对接，教学内容与新技术相衔接，教学方法与专业实践相融合，更加注重培养大数据环境下数字资源的智能化采集、处理、检索、服务与评价等相关理论、技术与方法，培养具有专业技术、职业情感的人才。

以多层次学科体系适应多元化的职业发展需求。多元化的社会职业需求要求培养的人才具有从事知识管理、信息咨询、竞争情报、数据管理等众多领域职业的能力，这就要求图书馆学科建设设置多层次、多元化的学科教育体系，尤其是专业学位教育或者职业化教育。

---

① 初景利. 嵌入式图书馆服务的理论突破［J］.大学图书馆学报，2013，31（6）：5-9.

▶ 5.4 结语

基于图书馆事业发展历史阶段和图书馆学科知识生产规律的图书馆学科发展历史分期研究，能很好地阐释图书馆学科发展的规律，解释图书馆学科发展过程中受到事业发展应用逻辑主导、以学科逻辑为主导的学科自主生长阶段，以及在两种逻辑同构共生的基础上形成的松散耦合关系，这种逻辑嬗变也是新时代图书馆事业高质量发展与图书馆一流学科建设关系逻辑生成过程。当然，本书知道任何事物发展是受到多重因素影响，其变化也是复杂、多层次的，中华人民共和国成立 70 多年的图书馆学学科发展，简单用这几个分期概括，难免在某个特殊时期，显得不那么合理、客观。但笔者认为，本书的逻辑演变规律是客观的，二者关系的逻辑生成是有意义的，对于指导新时代图书馆一流学科建设，重构学科建设与事业发展关系的路径是有意义的。

图书馆事业发展综合水平测度

▷ 6.1 研究基础

改革开放以来，在党和政府的高度重视下，我国图书馆事业进入了崭新的发展阶段，图书馆数量迅猛增加，图书馆建筑面积、阅览座席、馆藏文献数量稳步增长，计算机设备、网络设施水平明显提高。图书馆在公共文化服务体系和高等教育中的地位越来越受到重视。尤其在 20 世纪 90 年代，随着现代信息技术的发展，数字图书馆应运而生，图书馆事业进入一个快速发展阶段。

虽然我国图书馆事业取得巨大进步，但从历史发展的角度来看，我国图书馆事业在不同的发展阶段经历过不同的发展轨迹，有变革、有迷茫，甚至有倒退[1]。这与社会发展有关，与技术进步有关，与学科教育有关[2]，也与城市建设有关[3]。从区域发展来看，不同地区的图书馆事业发展也存在较大差距和不均衡现象，出现了理论界所谓的"中部

---

[1] 龚蛟腾. 新中国三十年图书馆事业的变革与迷茫 [J]. 图书馆，2013（5）：29-33.

[2] 程焕文. 高涨的事业与低落的教育——关于图书馆学教育逆向发展的思考 [J]. 中国图书馆学报，2001，27（1）：67-70.

[3] 徐文哲，郑建明. 中国图书馆事业和城市化发展的历史分期及其关联分析 [J]. 图书馆学研究，2014（7）：19-24.

洼地"现象[①]，西部地区图书馆"边缘化"现象[②]。而且从建设规模[③]、资源配置[④]、服务能力[⑤]、效率[⑥]等方面都有差异。从行业类型来看，公共图书馆、高校图书馆、科学图书馆、工会图书馆等各种类型的图书馆事业建设虽然都取得进展。但不同类型的图书馆发展存在差异，全国公共图书馆事业和高校图书馆事业随着国家公共文化建设投入增加和高等教育事业的快速发展取得较大的发展，而其他类型图书馆的发展与转型相对较为缓慢[⑦]。

因此，如何正确认识图书馆事业发展的状况，精准评价图书馆事业的发展情况，对于科学认识和审查图书馆事业的发展水平、差异和存在的问题，指导图书馆事业明确自身定位和目标，不断改善和提高图书馆服务社会的能力，引导事业发展兼顾科学价值、经济效益和社会效益具有重要的意义。

国外图书馆的评价始于图书馆评估标准的制定，美国图书馆协会在20世纪30年代就发布了公共图书馆的标准，以标准体系对公共图

---

① 李国新. 突破"中部洼地"促进均衡发展［J］. 图书馆，2016（10）：1.

② 程焕文. 岭南模式：崛起的广东公共图书馆事业［J］. 中国图书馆学报，2007（3）：15-25.

③ 包平，黄江娓. 我国当代公共图书馆事业发展规模研究［J］. 图书馆杂志，2009（10）：12-15，22.

④ 葛霞. 公共图书馆资源配置的地区差异比较与分析——以浙江、湖北、青海三省为例［J］. 情报理论与实践，2009（7）：104-107.

⑤ 王佩. 我国公共图书馆服务能力区域差异研究［J］. 图书馆理论与实践，2015（6）：79-82.

⑥ 万莉，程慧平. 我国省域公共图书馆效率测算及影响因素研究［J］. 图书馆论坛，2014（2）：15-21.

⑦ 谭婉玲. 新世纪科学图书馆的发展趋势［J］. 情报资料工作，2004（5）：48-50.

书馆的发展进行自身评价，以促进图书馆事业的发展①。前期的评价注重政府的投入建设情况，到 20 世纪 70 年代，美国开始对政府公共项目进行绩效评价，美国公共图书馆界也开始重视图书馆的绩效评价，对于公共图书馆的评价从投入型评价转向产出型评价。1991 年，美国金氏研究院从绩效度量和绩效指标两个层次提出了公共图书馆评估理论模型②。1999 年，威斯康星大学密尔沃基分校研究开发了美国公共图书馆等级评价、排名系统③。1998 年，国际标准化组织发布图书馆绩效指标标准，用于指导各类型图书馆进行绩效评估。英国在 2001 年 4月由文化部下属图书信息档案司发布实施了公共图书馆标准与评估。

在评估指标体系的设置上，经历了由注重静态的投入，到注重动态的产出，再到注重绩效指标等。国际上几种主要的绩效指标体系包括：奇尔德斯和凡郝斯④的指标体系，从输入输出、内部过程、社区服务和关系、资料获取、物理设施、管理、服务、对特殊群体服务8 个方面进行评价。卡尔弗特和丘伦的指标体系，包括输入输出、管理、物理环境、服务范围与深度、用户、文献、可获取性、参考咨询、用户关爱、关系等 10 类指标评价。美国金氏研究院的图书馆绩效评价指标体系包括运行指标、效益指标、成本效益指标、影响指标 4类。国际标准化组织对图书馆绩效指标评价包括读者感知类、读者服务类和技术服务类 3 类 29 项指标。

① 川崎良孝 . 美国公共图书馆标准的历史变迁［J］. 图书馆杂志，2011（7）：2–7.

② 吴新年 . 图书馆绩效评价体系研究［J］. 图书与情报，2005（6）：10–14，56.

③ Hennen Jr. Thomas J. Great American Public Libraries：The 2005 HAPLR Rankings[J].
　American Libraries，2005，36（9）：42–48.

④ 柯平，宫平 . 全国公共图书馆第六次评估的意义和特点［J］. 图书馆建设，2016
　（12）：4–7，14.

　　国内关于图书馆事业发展水平评价的相关研究目前主要集中在图书馆评估。20 世纪 80 年代，我国开始进行高校图书馆评估工作。1991 年，国家教委下发了《关于开展普通高等学校图书馆评估工作的意见》《普通高等学校图书馆评估指标体系大纲》。2003 年，颁发了《关于普通高等学校图书馆评估指标（征求意见稿）》及评估办法的说明。高校图书馆的评估工作逐步走向了正常化、制度化和规范化的轨道。文化部先后于 1994 年、1998 年、2004 年、2009 年、2012 年、2016 年、2020 年组织实施了 7 次全国县以上公共图书馆评估定级工作。国内公共图书馆服务绩效评价已由注重经济与效率、追求投入产出比的最大化向注重综合考虑效益、服务质量和公民导向方面发展[1]。评估有效调动了地方各级政府主管部门建设和发展图书馆事业的积极性，有力地促进公共图书馆提高服务水平、学术水平和科学管理水平，以全面推动图书馆事业整体可持续发展。图书馆评估相关学术研究集中在评估理论[2]、评估主客体[3]、评估指标体系[4]、评估方法[5]和评估实践等。评价指标体系包括基础设施、资金投入、资源建设、业务建设、保障条件、服务效益、新技术、新媒体等几个方面。

　　图书馆事业水平评价主要集中在对公共图书馆的评价，邱远棋

---

① 熊伟.图书馆评估类型的理论重组［J］.图书情报工作，2006（11）：127-130.

② 段海艳.论公共图书馆绩效评价的主体、内容与方法［J］.图书馆学研究，2008（10）：12-16.

③ 黄晓英，夏有根，李哲汇.图书馆评估指标体系与服务功能的提升——关于持续改进海南高校图书馆服务现状的思考［J］.图书馆论坛，2007（12）：212-215，295.

④ 金胜勇，刘雁.图书馆评估指标体系的逻辑构建［J］.中国图书馆学报，2003（4）：88-90.

⑤ 姜晓.图书馆绩效评估方法评析［J］.大学图书馆学报，2004（1）：6-9.

等[①]利用因子分析法对四川省公共图书馆发展水平进行评价研究。王树乔和王惠[②]利用因子分析法对江苏省公共图书馆事业发展水平进行评价。阚立民[③]对公共图书馆事业发展水平进行评价与预测研究。杨海玲[④]利用灰色聚类方法、因子分析法，对我国30个省自治区直辖市公共图书馆进行排序和分类评价。

上述研究存在的欠缺表现为：一是多注重对公共图书馆的评价，忽视其他类型图书馆的评价；二是评价多注重具体的区域和类型，没有从整体上对全国各类型图书馆事业发展进行评价；三是评价指标体系虽然也包括多个方面，但没有从图书馆事业发展水平的内涵高度出发，建立一个系统的综合评价体系；四是评价系统虽然注重产出和绩效评价，但评价系统中缺乏对环境和技术等因素的考虑；五是注重评估，缺乏水平性评价。图书馆评估的手段是基于评估标准、规范和指标体系对比，目的是实现图书馆标准化、规范化管理，缺乏系统地对事业发展水平进行界定和评价的思想。

图书馆事业发展与国家经济、文化、科学、教育和社会进步息息相关，衡量图书馆事业发展水平需要从多角度进行考虑。因此本书在对图书馆事业发展水平内涵进行界定的基础上，借鉴系统评价的逻辑模型以及国内外关于事业发展水平测评方法，采取多指标综合测评方

---

① 邱远棋，李明伍，覃梦河.基于因子分析的四川省公共图书馆事业发展水平研究［J］.公共图书馆，2013（4）：49-51.

② 王树乔，王惠.江苏省公共图书馆事业发展水平的实证分析［J］.农业图书情报学刊，2010（12）：20-22.

③ 阚立民.我国各地区公共图书馆事业发展水平排序［J］.图书馆学研究，1998（4）：14-18.

④ 杨海玲.区域公共图书馆事业发展水平评价［J］.图书馆理论与实践，2015（11）：72-76.

法从图书馆事业投入、图书馆事业产出、图书馆事业发展环境、图书馆事业发展效益和图书馆事业发展新技术应用五个方面构建评价系统和指标体系。

▶ 6.2 图书馆事业发展综合水平评价理论

6.2.1 图书馆事业发展综合水平内涵界定

图书馆事业发展综合水平不仅是指图书馆规模扩大、资源建设数量增加，也不仅指图书馆服务人口、服务活动增多，而是从图书馆事业发展对人类社会发展，特别是服务效益角度来认识图书馆对社会发展的促进作用和社会效益来考察的。因此，图书馆事业发展综合水平评价内涵包括以下几个层次。

第一个层次是指图书馆事业建构能力，指图书馆事业自我发展和建设的能力。包括图书馆事业发展规模的扩大和图书馆事业发展服务规模的扩大。图书馆事业发展规模的扩大是图书馆事业发展的物质体现，主要用来衡量和评价图书馆事业发展投入视角的规模扩大。规模扩大指图书馆事业发展的基础设施增加，包括财政投入、建筑面积、空间、藏书量、电子资源数量、信息基础设施、人才等。

图书馆事业发展服务规模扩大是衡量图书馆管理和服务水平的重要体现。服务规模的扩大包括服务资源建设、资源管理体系设置等方面，具体包括服务政策、规划、数字资源建设、标准化、服务体系建设、人力资源管理、业务管理与研究等方面。

第二个层次指图书馆事业服务社会能力，指图书馆根植于国民生活中对社会发展提供服务的能力，主要用来衡量图书馆事业发展对经济、社会发展的效益，包括服务人口、服务次数、讲座、培训、展览、文献借阅、阅读推广、信息咨询、情报服务、新媒体服务、服务创新、读者满意情况。

第三个层次是图书馆事业发展利用新技术能力提升，主要指与图书馆事业发展相关的发明专利、科学论文、基金项目、新技术人才等显著增加，而这些科学技术的应用对图书馆事业发展的促进作用比较明显。

6.2.2　图书馆事业发展综合水平评价的理论模型

国外图书馆评估模型有 Blaise Cronin[1] 提出的从用户、图书馆管理者、社会管理者三个角度分别评估图书馆的投入成本、影响和效益的模型。Scot Nicholson[2] 提出了基于图书馆角度的图书馆活动效率、成本收益分析和基于用户角度图书馆影响、价值服务质量分析模型。Richard Orr[3] 提出了基于"投入—过程—产出—成果贡献"的 IPOO 模型。John Carlo Bertot 和 Charles R. Mcclure[4] 建立了包括投入、产出、服务质量、服务成果的图书馆绩效模型。早期的综合评价模型，基于投入、过程、产出、效果的简单线性逻辑结构。柯平[5] 从政府投入、

---

[1] Blaise Cronin.Taking the Measures of Servise[J].ASLIB Proceeding，1982（6）：273–294.

[2] Scot Nicholson.A Conceptual Framework for the Holistic Measurement and Cumulative Evaluation of Library Services[J].journal of documentation，2004（2）：164–182.

[3] Richard Orr.Measuring the Goodness of Library Service[J].Journal of Documentation，1973（3）：315–352.

[4] John Carlo Bertot，Charles R. Mcclure. Outcomes Assessment in the Networked Environment：Research Questions，Issues，Considerations，and Moving Forward [J]. Library Trends，2003（4）：590–608.

[5] 柯平，宫平.公共图书馆服务绩效评估模型探索［J］.国家图书馆学刊，2016（6）：3–8.

内部效率和外部满意度三个维度构建了对图书馆事业绩效的服务能力、服务过程和服务结构的绩效评估模型。上述评价虽然注重了产出和服务效果的评价，但没有引入环境和技术等因素。

而随着环境变化和技术的发展，人们逐步认识到外部环境对绩效，以及技术对于绩效评价的重要作用。Cohen[1] 在评价模型中增加了环境要素，Julian 等[2] 将环境条件与其他要素结合推动开发系统评价模型的发展。从 20 世纪末开始，各国都非常重视创新在经济和社会发展中的作用。创新特性为综合评价逻辑模型提供了新的机遇。在加入环境和技术等影响因素后评价模型变成了封闭式的具有反馈功能的复杂逻辑评价模型。

图书馆事业发展的经费投入主要来源于政府公共财政和教育经费支持，因此图书馆事业发展综合水平评价具有政府公共项目绩效评价特点。政府公共项目绩效评价研究最具影响力的是从经济、效率、效果等三个层面进行评价[3]。

而图书馆事业发展与国家经济、文化、科学、教育和社会进步息息相关，图书馆事业发展不仅是一个政府主导的公共项目，还肩负着文化创新、服务创新和技术创新等功能。因此，其评价还具有学术性评价性质。所以衡量图书馆事业发展水平需要从多角度进行考虑。图书馆事业发展综合水平评价是全面科学评价图书馆事业发展状况，充

---

① A. Y. Cohen.Volunteers in Prevention: Voluntarism and Community Service as Immunization against Substance Abuse[M].Bethesda, MD: Potomac Press, 1991.

② D. Julian, A. Jones, D. Deyo. Open Systems Evaluation and the Logic Model: Program Planning and Evaluation tools[J]. Evaluation and Program Planning, 1995, 18（4）: 333–341.

③ Fenwick, J. Managing Local Government[M].London: Chapman and Hall, 1995.

分发挥图书馆事业发展对于经济社会发展效益的重要措施。但由于图书馆事业类型多样性、发展异质性和多面性，表征其综合水平的指标信息多样性。另外，由于受到数据可获得性的限制，在评价过程中我们往往无法得到更能反映图书馆事业发展水平的数据。因而，图书馆事业发展的综合评价是一个模糊的评价过程。

因此，本书构建图书馆事业发展综合水平评价体系，基于"投入—产出—效果"的逻辑结构，重视环境和技术对图书馆事业发展水平综合评价的影响。

图书馆事业发展综合水平主要体现在图书馆事业为社会发展提供服务的能力，也就是图书馆事业发展的效益上，而效益的提升得益于图书馆事业的投入，图书馆事业的产出是图书馆效益提升的基础。而在此过程中，图书馆事业发展环境对图书馆事业绩效的影响作用越来越被认知。环境可以看作组织绩效提升的基本要素，也可以看成影响组织投入产出效率的因素。反过来，图书馆事业的投入增加、产出和效益提升都有利于环境的改变。而技术创新对于图书馆事业发展的影响不仅表现在事业发展效益上，也体现在事业产出和事业发展的环境上。如图 6-1 所示。

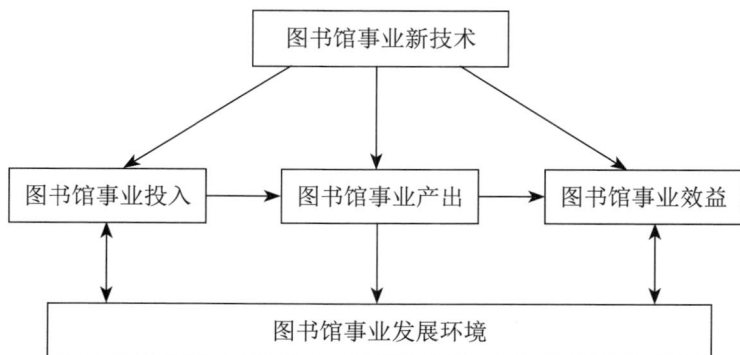

图 6-1　图书馆事业发展综合水平评价逻辑关系

6.2.3 图书馆事业发展综合水平评价的指标体系

6.2.3.1 指标体现筛选原则

对一个国家图书馆事业发展的状态和趋势的全面考察，应该包括图书馆事业发展的规模与水平、发展环境、发展对经济社会的影响和技术成果转化与应用能力。因此，本书在对图书馆事业发展水平内涵进行界定的基础上，借鉴国内外关于图书馆事业发展水平测评方法，采取多指标综合测评方法从图书馆事业投入、图书馆事业产出、图书馆事业发展环境和图书馆事业发展效益、新技术应用于图书馆事业发展五个方面构建测评体系。

本书在指标筛选上遵循科学性、全面性、合理性、简单可操作性、适用性等基本原则，构建综合评价指标体系。

不仅要有数量指标、质量指标还要有反映绩效的指标。图书馆事业发展作为一个有机整体，对其评价不仅要考虑到各种影响因素，从自身资源建设、环境以及其与社会发展的关系来评价，还要考虑操作的可行性，结合数据获取的情况和评估实施的可行性建立可以操作的指标体系。

6.2.3.2 图书馆事业投入指标

图书馆事业是中国文化事业的重要组成部分，尤其公共图书馆事业是公共文化服务体系建设的重要支撑。而公共文化服务特有的公共产品属性，导致财政投入对于公共文化服务建设尤为重要。图书馆事业的投入包括人力资源投入、财力投入等。

人力资源投入指标包括每百万人图书馆从业人员数、图情专业学生占高校毕业生的比例两个指标，反映了图书馆事业发展人力投入的总量配置、强度占比和人力资源质量。

　　财力投入包括每万人图书购置费、每名在校大学生图书情报投入经费、图书经费占 GDP 比例等三个指标。既能反映公共图书馆财政投入情况，也能反映高校图书馆财政资源投入状况，还能反映出在发展图书馆事业中政府的重视程度。

6.2.3.3　图书馆事业产出指标

　　图书馆事业产出指标是图书馆提供服务的体现和保障，主要体现为文献资源建设的保障，以及在新环境下电子资源服务的保障。包括图书馆事业产出水平和电子资源服务水平两个二级指标。图书馆事业产出水平指标包括每百万人拥有图书馆机构数、每万人拥有藏书数量、每万人拥有借书证数、每万名在校大学生拥有图书馆数量、每万名在校大学生拥有藏书数量。电子资源服务水平主要指每万人拥有电子资源数量、每名在校大学生拥有电子资源数量等。

6.2.3.4　图书馆事业发展环境

　　图书馆事业的发展离不开外部环境的支持，环境影响着图书馆事业发展的效益。理论上影响图书馆事业发展的环境有很多，有经济、社会文化、制度、技术进步等，本书主要从与图书馆发展主要相关的内部资源环境因素和技术意识环境考虑。图书馆事业发展环境包括基础设施环境和技术意识环境两个二级指标。基础设施环境包括图书馆发展的空间环境、设施环境等。指标包括每万人拥有阅览室面积、每万人拥有阅览室座位数、每名在校大学生拥有建筑面积。技术意识环境指标包括每万人拥有电脑数量、每万名在校大学生拥有电脑数量等。

6.2.3.5　图书馆事业发展效益指标

　　图书馆事业的发展以投入为先导，通过图书馆事业的产出，把产出应用于实际的发展过程，最终要产生经济效果和社会效果。因此图书馆事业发展效益主要考察图书馆服务的能力、服务的作用、功效和社会影响。具体包括服务能力和服务效果两个二级指标。

服务能力指标包括每万人文献借阅册次、读者举办讲座次数、服务人口数量、书刊文献外借人次、流通人次。服务效果指标包括图书馆事业占文化事业增加值的比例、图书馆事业对 GDP（国内生产总值）贡献率、图书馆事业产值占公共财政的比值等。

6.2.3.6 新技术应用于图书馆事业发展指标

图书馆事业的发展离不开新技术的应用。新技术，尤其是网络技术对图书馆事业发展起着变革性的作用。比如图书馆自动化管理系统、数字图书馆、Web2.0 技术、移动图书馆等新技术改变了图书馆服务的形式、内容，使图书馆事业产生了深刻的变化。因此，要强调新技术对图书馆事业的促进作用，应单独列出一个指标进行评价。

新技术应用于图书馆事业发展指标包括图书馆利用新技术的水平和图书馆新技术应用效果。图书馆利用新技术的水平指标具体包括图书馆专利数量、图书馆科研论文量、国家级科技成果奖励数。图书馆新技术应用效果主要为图书馆新技术人才占图书馆人才的比重。

6.2.4 图书馆事业发展综合水平评价模型建立

6.2.4.1 指标体系构建

根据上述指标分析，构建图书馆事业发展综合水平评价指标体系，包括 5 个一级指标、10 个二级指标、29 个三级指标，见表 6-1。该指标体系既包含了公共图书馆指标，又包含了高校图书馆指标，既有绝对量，又有比值。

表 6-1 图书馆事业发展水平评价指标体系

一级指标	二级指标	三级指标	单位
图书馆事业投入X_1	人力资源投入$X_{1.1}$	每百万人图书馆从业人员数$X_{1.1.1}$	人/百万人
		图情专业学生占高校毕业生的比例$X_{1.1.2}$	%
	财力投入$X_{1.2}$	每万人图书购置费$X_{1.2.1}$	元/万人
		图书经费占GDP比例$X_{1.2.2}$	%
		每名在校大学生图书情报投入经费$X_{1.2.3}$	元/人
图书馆事业产出X_2	图书馆事业产出水平$X_{2.1}$	每百万人拥有图书馆机构数$X_{2.1.1}$	个/百万人
		每万名在校大学生拥有图书馆数量$X_{2.1.2}$	个/万人
		每万人拥有藏书数量$X_{2.1.3}$	册/万人
		每名在校大学生拥有藏书数量$X_{2.1.4}$	册/人
		每万人拥有借书证数$X_{2.1.5}$	个/万人
	电子资源服务水平$X_{2.2}$	每万人拥有电子资源数量$X_{2.2.1}$	册/万人
		每名在校大学生拥有电子资源数量$X_{2.2.2}$	册/人
图书馆事业发展环境X_3	基础设施环境$X_{3.1}$	每万人拥有阅览室面积$X_{3.1.1}$	平方米/万人
		每名在校大学生拥有建筑面积$X_{3.1.2}$	平方米/人
		每万人拥有阅览室座位数$X_{3.1.3}$	个/万人
	技术意识环境$X_{3.2}$	每万人拥有电脑数量$X_{3.2.1}$	台/万人
		每万名在校大学生拥有电脑数量$X_{3.2.2}$	台/万人
图书馆事业发展效益X_4	服务能力$X_{4.1}$	每万人文献借阅册次$X_{4.1.1}$	册次/万人
		读者举办讲座次数$X_{4.1.2}$	次数
		服务人口数量$X_{4.1.3}$	万人次
		书刊文献外借人次$X_{4.1.4}$	万人次
		流通人次$X_{4.1.5}$	万人次
	服务效果$X_{4.2}$	图书馆事业占文化事业增加值的比例$X_{4.2.1}$	%
		图书馆事业对GDP贡献率$X_{4.2.2}$	%
		图书馆事业产值占公共财政的比值$X_{4.2.3}$	%

一级指标	二级指标	三级指标	单位
新技术应用于图书馆事业发展X_5	图书馆利用新技术的水平$X_{5.1}$	图书馆专利数量$X_{5.1.1}$	项
		图书馆科研论文量$X_{5.1.2}$	篇
		国家级科技成果奖励数$X_{5.1.3}$	项
	图书馆新技术应用效果$X_{5.2}$	图书馆新技术人才占图书馆人才的比重$X_{5.2.1}$	%

6.2.4.2 指标权重的确定

在多指标决策综合评价中，指标权重具有举足轻重的作用。指标权重赋值方法有主观赋值法，也有客观赋值法。包括主成分分析法、灰色关联度法、离差最大化方法、层次分析法。当然都存有弊端，如客观赋值法过分依赖于实际数据，通用性和人的可参与性较差，不能体现评价者对不同指标的重视程度；指标样本的随机误差对权重的影响较大，样本的变化可能导致权重的变化。主观赋值法较多地体现了评价者对各指标的主观价值判断，反映的定量信息较少，所得结果过度地依赖于人为因素造成权重的不稳定。

本书利用离差最大化方法确定各指标的权重系数。离差最大化方法是一种多指标离差最大化决策法，在多指标的综合评价和排序应用中比较成功。由于离差最大化方法是客观赋权，具有很强的实用价值。

离差最大化方法确定权重的原理是：从对评价结果的影响力角度考虑，如果某个属性对所有决策方案而言均无差别，则该属性对决策方案的排序将不起作用，这样的属性可令其权系数为0；反之，如果该属性使所有决策方案的属性值有较大差异，这样的属性对决策方案的排序将起较大作用，此时应给该属性赋予较大的权系数[①]。

6.2.4.3 数据标准化

由于本书的指标数据选取均与图书馆事业发展正向关系，因此本书数据标准化的方法选择正向指标标准化[②]。

设 p_i 为第 i 个指标标准化之后的数据值，v_i 表示第 i 指标的原始数据值，则正向指标的标准化公式为：

$$p_i = \frac{v_i - \min(v_i)}{\max(v_i) - \min(v_i)}$$

正向指标表明指标数值越大该指标越重要，公式的含义是：第 i 个指标的原始数据值与该指标中的最小值之差相对于该指标最大值与最小值之差的比重，该比重越大标准化之后的数值就越高。

6.2.4.4 综合模糊评价模型建立

将得到的指标权重和指标标准化数据进行线性加权，可计算出评价对象一级指标、二级指标等综合得分。

▶ 6.3 我国图书馆事业发展情况基础数据采集与分析

6.3.1 数据采集

本书的数据采集来源于不同的渠道，包括《中国图书馆年鉴》《全国教育事业发展统计公报》《中国高校图书馆发展报告》等，见表 6-2—表 6-7。

[①] 张荣，刘思峰，刘斌. 基于离差最大化客观赋权法的一般性算法 [J]. 统计与决策，2007（24）：29-31.

[②] 郭亚军. 综合评价理论与方法 [M]. 北京：科学出版社，2002.

表6-2 公共图书馆基础数据 -1

年份	图书馆事业从业人员（人）	图书经费投入（万元）	每百万人图书馆从业人员数（人）	每人图书事业投入经费（元）	图书经费占GDP比例（%）	建筑面积（万平方米）	阅览室席数（万个）	每万人建筑面积（平方米）	每万人阅览席室览数（个）
1991	42037	36764	36	0.32	0.017	349.1	34	30.1	2.9
1992	43051	45354	37	0.39	0.017	363.6	34.4	31.0	2.9
1993	44656	50917	38	0.43	0.014	368	34.3	31.1	2.9
1994	44367	74586	37	0.62	0.015	409.1	34.8	34.1	2.9
1995	45323	79685	37	0.66	0.013	415.5	35.2	34.3	2.9
1996	46457	93235	38	0.76	0.013	441.4	35.6	36.1	2.9
1997	47882	114004	39	0.92	0.014	471.5	37.4	38.1	3.0
1998	48313	129082	39	1.03	0.015	492.5	39.9	39.5	3.2
1999	48792	137430	39	1.09	0.015	506	41.6	40.2	3.3
2000	51342	163799	41	1.29	0.016	598.2	41.6	47.2	3.3
2001	48579	183368	38	1.44	0.017	561.8	43.7	44.0	3.4
2002	48447	213322	38	1.66	0.018	582.8	43.9	45.4	3.4

续表

年份	图书馆事业从业人员（人）	图书经费投入（万元）	每百万人图书馆从业人员数（人）	每人图书事业投入经费（元）	图书经费占GDP比例（%）	建筑面积（万平方米）	阅览室席数（万个）	每万人建筑面积（平方米）	每万人阅览室席数（个）
2003	49646	242188	38	1.87	0.018	588.6	46.1	45.5	3.6
2004	49069	281234	38	2.16	0.017	625.1	47.2	48.1	3.6
2005	50423	325880	39	2.49	0.017	677	48	51.8	3.7
2006	51311	366089	39	2.79	0.017	718.9	50	54.7	3.8
2007	51650	450512	39	3.41	0.017	741.4	52.7	56.1	4.0
2008	52021	531926	39	4.01	0.017	780	55.4	58.7	4.2
2009	52688	613175	39	4.59	0.018	850.3	60.2	63.7	4.5
2010	53564	646085	40	4.82	0.016	900.4	63.1	67.1	4.7
2011	54475	813232	40	6.04	0.017	994.9	68.1	73.8	5.1
2012	54997	1002068	41	7.40	0.019	1058.4	73.5	78.2	5.4
2013	56320	1151163	41	8.46	0.019	1158.5	81	85.1	6
2014	56071	1212979	41	8.87	0.019	1231.6	85.6	90	6.3

表 6-3 公共图书馆基础数据 -2

年份	图书馆数量（个）	从业人员（人）	藏书量（万册）	流通人次（万人次）	借阅次数（万册次）	发放借书证数量（万个）	书刊文献外借人次（万人次）	每万人拥有借阅证数（个）	每万人文献借阅次数（次）	电子图书量（万册）	每百万人拥有图书馆机构数（个）	每万人拥有图书册数（册）	每万人拥有电子资源数量（册）
1991	2535	42037	30614	20496	13325	631	7949	54	1150		2.19	2643	
1992	2558	43051	31175	18495	12625	563	7653	48	1077		2.18	2661	
1993	2572	44656	31410	16973	11685	562	6970	47	986		2.17	2650	
1994	2589	44367	32332	14451	11852	552	7232	46	989		2.16	2698	
1995	2615	45323	32850	14142	11814	540	7160	45	975		2.16	2712	
1996	2620	46457	33686	14793	13544	527	7731	43	1107		2.14	2752	
1997	2628	47882	37549	16114	15685	556	8561	45	1269		2.13	3037	
1998	2662	48313	38514	17058	15422	582	8910	47	1236		2.13	3087	
1999	2669	48792	39539	18040	16290	596	9075	47	1295		2.12	3143	
2000	2675	51342	40953	18854	16913	623	9600	49	1334		2.11	3231	
2001	2696	48579	42130	20757	17559	792	9829	62	1376		2.11	3301	
2002	2697	48447	42683	21950	20021	918	10428	71	1559		2.10	3323	

续表

年份	图书馆数量（个）	从业人员（人）	藏书量（万册）	流通人次（万人次）	借阅次数（万册次）	发放借书证数量（万个）	书刊文献外借人次（万人次）	每万人拥有借阅证数（个）	每万人文献借阅次数（次）	电子图书量（万册）	每百万人拥有图书馆机构数（个）	每万人拥有图书册数（册）	每万人拥有电子资源数量（册）
2003	2709	49646	43776	21440	18775	943	10666	73	1453		2.10	3388	
2004	2720	49069	46152	22095	18536	1056	10140	81	1426		2.09	3550	
2005	2762	50423	48056	23332	20269	1062	10821	81	1550		2.11	3675	
2006	2778	51311	50024	25218	21039	1160	11408	88	1601		2.11	3806	
2007	2799	51650	52053	26103	21319	1273	11454	96	1613		2.12	3940	
2008	2820	52021	55064	28141	23129	1454	12251	109	1742		2.12	4146	
2009	2850	52688	58521	32167	25857	1749	13277	131	1938		2.14	4385	
2010	2884	53564	61726	32823	26392	2020	13934	151	1968		2.15	4603	
2011	2952	54475	63896	37423	28452	2214	15316	164	2112	5822.96	2.19	4742	432
2012	3076	54997	68827	43437	33191	2485	17402	184	2451	10025.34	2.27	5083	740
2013	3112	56320	74896	49232	40868	2877	20551.83	211	3003	37767.27	2.29	5504	2776
2014	3117	56071	79092	53036	46734	3944	22736.66	288	3417	50673.64	2.28	5782	3705

表 6-4 公共图书馆基础数据 -3

年份	讲座（次）	服务人次（万人次）	每万人拥有计算机台数（台）	图书馆学专业毕业生人数（人）	图书馆新技术人才占图书馆人才的比重（%）
2002				380	0.76
2003	15393			437	0.81
2004		256.07	54439	498	0.98
2005		255.66	64235	459	0.88
2006		274.15	75297	610	1.14
2007	19861	267.53	86968	605	1.12
2008	10486	146.3	101291	565	1.04
2009	31277	601.1	126207		
2010	18725	376.3	92928		
2011	35175	653.56	157528		
2012	44564	826.53	173313		
2013	49474	846.77	195413		
2014	54939	973.7	198586		

表6-5 公共图书馆基础数据 -4

年份	收入（万元）	支出（万元）	GDP（亿元）	公共财政支出（亿元）	文化事业经费（亿元）	图书馆事业产值对GDP的贡献（%）	图书馆事业产值占文化事业的比例（%）	图书馆事业产值占公共财政值的比例（%）
1991	36764	34388	22005.6	3386.62		0.016		0.10
1992	45354	41132	27194.5	3742.2		0.015		0.11
1993	50917	48211	35673.2	4642.3		0.014		0.10
1994	74586	63295	48637.5	5792.62		0.013		0.11
1995	79685	74080	61339.9	6823.72		0.012		0.11
1996	93235	88963	71813.6	7937.55		0.012		0.11
1997	114004	113927	79715	9233.56		0.014		0.12
1998	129082	127032	85195.5	10798.18		0.015		0.12
1999	137430	135826	90546.4	13187.67		0.015		0.10
2000	163799	157173	100280.1	15886.5		0.016		0.10
2001	183368	187661	110863.1	18902.58		0.017		0.10
2002	213322	208929	121717.4	22053.15		0.017		0.09
2003	242188	235819	137422	24649.95		0.017		0.10

年份	收入（万元）	支出（万元）	GDP（亿元）	公共财政支出（亿元）	文化事业经费（亿元）	图书馆事业产值对GDP的贡献（%）	图书馆事业产值占文化事业的比例（%）	图书馆事业产值占公共财政值的比值（%）
2004	281234	275034	161840.2	28486.89		0.017		0.10
2005	325880	312571	187318.9	33930.28		0.017		0.09
2006	366089	344076	219438.5	40422.73	158.03	0.016	21.77	0.09
2007	450512	431326	270232.3	49781.35	198.86	0.016	21.69	0.09
2008	531926	519841	319515.5	62592.66	248.04	0.016	20.96	0.08
2009	613175	606630	349081.4	76299.93	292.32	0.017	20.75	0.08
2010	646085	643629	413030.3	89874.16	323.06	0.016	19.92	0.07
2011	813232	776839	489300.6	109247.79	392.62	0.016	19.79	0.07
2012	1002068	977556	540367.4	125952.97	480.1	0.018	20.36	0.08
2013	1151163	1130035	595244.4	140212.10	530.49	0.019	21.30	0.08
2014	1212979	1163583	643974	151785.56	583.44	0.018	19.94	0.08

表 6-6　高校、科研机构图书馆基础数据 -1

	类型	投入人员（人）	图情专业人员（人）	高校毕业生人数（万人）	图情专业学生占高校毕业生的比例（%）	投入经费（万元）	每名在校大学生图书经费（元）
2001	研发机构	78	1161	103.63	0.112	834	8.05
	高等学校	1083					
2002	研发机构	277	1500	133.73	0.112	2115	15.82
	高等学校	1223					
2003	研发机构	640	4558	187.75	0.242	13141	69.99
	高等学校	3918					
2004	研发机构	580	1740	239.1	0.073	5943	24.86
	高等学校	1160					
2005	研发机构	576	1930	306.8	0.063	7266	23.68
	高等学校	1354					
2006	研发机构	820	2313	377.47	0.061	12295	32.57
	高等学校	1493					
2007	研发机构	820	2323	447.79	0.052	14810	33.07
	高等学校	1503					
2008	研发机构	924	2445	512.0	0.048	28851	56.35
	高等学校	1521					
2009	研发机构	577	2067	531.1	0.039	10396	19.57
	高等学校	1490					
2010	研发机构	692	2131	575.4	0.037	13682	23.78
	高等学校	1439					
2011	研发机构	1175	2758	608.2	0.045	28542	46.93
	高等学校	1583					
2012	研发机构	1378	3113	608.2	0.051	23556	38.73
	高等学校	1735					
2013	研发机构	1773	2676	699	0.038	20782	29.73
	高等学校	903					
2014	研发机构	1222	3030	727	0.042	26211	36.05
	高等学校	1808					

表6-7 高校、科研机构图书馆基础数据-2

年度	高校图书馆数量（个）	图书馆面积（平方米）	每人在校大学生拥有建筑面积（平方米）	图书（万册）	电子资源数量（万册）	每人在校大学生拥有藏书量（册）	每人在校大学生拥有电子资源数量（册）	计算机（台）	每万名在校大学生拥有电脑数量（台）	在校大学生人数（万人）	每万人在校大学生拥有图书馆图书数量（册）
1999	1071	7464558									
2000	1041	8575875									
2001	1225	10781741									
2002	1396										
2003	1552									1900	0.82
2004	1731	21881431	1.09	112678.1		56		3230150	1615	2000	0.87
2005	1792	25058838	1.09	127462.9	48971.87	55	21	3762995	1636	2300	0.78
2006	1867	29189300	1.17	142744.5	49682	57	20	4313792	1726	2500	0.75
2007	1908	31718058	1.17	158850.8	61795	59	23	4825788	1787	2700	0.71
2008	2263	31016453	1.07	169205	72453.79	58	25	5108411	1757	2907	0.78
2009	2305	33954892	1.14	182241		61		5468908	1836	2979	0.77
2010	2358									3105	0.76
2011	2409									3167	0.76
2012	2442									3325	0.73
2013	2491	41517302	1.2	221300.9		64		9515032	2750	3460	0.72
2014	2529									3559	0.71
2015	2560									3647	0.7

6.3.2　图书馆事业发展投入情况基础数据分析

6.3.2.1　人力资源投入数据分析

1991 年，我国公共图书馆有从业人员 42037 人，当年的全国人口有 115823 万人，平均每百万人中有 36 个图书馆从业人员。随着人口的迅速增加，到 2014 年全国总人口增加了 20959 万人，达到 136782 万人。而公共图书馆事业从业人员仅增加了 14034 人，达到 56071 人，增长 33.38%。

除了公共图书馆事业从业人员，还有另一部分从事图书情报工作的人员，包括科研院所和高校的从业人员。这两个单位的从业人员是反映我国图书馆事业发展人力资源质量的重要指标。从 2011 年的 1161 人，到 2014 年的 3030 人，增幅达 161%，年均增长 37.68%。但整体规模还是偏小，与全国高校毕业生的增幅相比差距较大。图情专业学生占高校毕业生的比例近些年一直呈现下降趋势，2001 年占比为 0.112%，到 2014 年只有 0.042%。这主要是因为图情专业学生的增幅远远小于高校毕业生的增幅。

高等学校中从事图书情报工作的专业人员明显要多于在研发机构中的人员。2001 年，在高校中从事图书情报工作的人员是研发机构中从事图书情报工作人员的近 14 倍。但到 2014 年，在高校中从事图书情报工作的人员仅是研发机构中从事图书情报工作人员的近 1.5 倍，说明在总体规模偏小的大趋势下，在研发机构中从事图书情报工作的人员增幅远远高于在高校中从事图书情报工作的人员增幅。

6.3.2.2　财力资源投入分析

1991 年，我国公共图书馆的投入经费只有 36764 万元，当年的全国人口有 115823 万人，每人图书事业经费只有 0.32 元。当年的 GDP

是 22005.6 亿元，图书经费占 GDP 比例只有 0.017%。随着经济快速发展，人口迅速增加，我国对于公共图书馆事业发展经费的投入也快速增加。到 2014 年图书经费投入已经达到 1212979 万元，增幅达到 3200%，年均增长 16%。每人图书事业投入经费从 1991 年的 0.32 元，到 2014 年的 8.87 元，增幅 2672%，年均增长 15.5%，增幅略小于图书事业总经费的投入，主要原因是人口增长的幅度也很大。图书经费占 GDP 比例从 1991 年的 0.017%，到 2013 年的 0.019%，增幅只有 5.8%，年均增长只有 0.48%，表明图书经费占 GDP 的比例还很小。虽然每年的图书事业经费投入在增加，而且增加的幅度也很快，但与我国经济快速增加相比，速度仍然很慢，导致占 GDP 的比例小而且增加缓慢。

2001 年，全国高校和科研院所投入图书情报经费 834 万元，当年在校大学生为 103.63 万人，平均每名在校大学生图书情报经费 8.05 元。2014 年，全国高校和科研院所投入图书情报经费增加到 26211 万元，平均增幅达到 30.4%。每名在校大学生图书情报经费增加到 36 元，平均增幅为 12.2%。

6.3.2.3　图书馆事业产出情况基础数据分析

（1）图书馆事业产出水平基础数据分析

图书馆的数量、藏书数量、报刊数量和发放的借阅证数量是图书馆提供服务的基础设施和保障，是财政投入后的产出体现。

我国公共图书馆的数量在 1991 年是 2535 个，当年全国人口 115823 万人，每百万人拥有的图书馆机构数是 2.19 个。到 2014 年，公共图书馆的数量为 3117 个，增加了 582 个，增幅达 23%，年均增长只有 0.9%，整体比较平稳。而随着人口增长加快，到 2014 年每百万人拥有的图书馆机构数是 2.28 个，变化不大。

　　高校图书馆的数量基本和高等教育的数量是一致的，1999 年我国有高校图书馆 1071 个，到 2015 年有 2560 个，增加了 1489 个，增幅达 139%，年均增长 5.6%。2003 年平均每万人在校大学生拥有图书馆的数量为 0.82 个，到 2015 年变成 0.7 个，数量整体趋势在递减，主要原因是在校大学生的数量增加迅速。

　　公共图书馆的藏书量 1991 年为 30614 万册，每万人拥有图书册数 2643 册，平均每人拥有图书 0.2643 册。到 2014 年藏书量为 79092 万册，增加了 48478 万册，翻了一倍还多，增幅达 158%，年均增幅达 4.2%。2014 年每万人拥有图书册数为 5782 册，增加了 3139 册，增幅达到 119%，年均增幅 3.5%。

　　2004 年，全国高校图书馆的藏书量为 112678.08 万册，当年的在校大学生为 2000 万人，平均每名大学生拥有图书册数为 56 册。2013 年，全国高校图书馆的藏书量为 221300.9 万册，当年在校大学生为 3460 万人，平均每名大学生拥有图书册数为 64 册。全国高校图书馆的藏书量平均增速为 7.8%，全国在校大学生的平均增幅为 6.3%，平均每名大学生拥有图书册数增幅只有 1.5%。

　　1991 年，全国公共图书馆发放借阅证数量为 631 万个，每万人拥有借阅证数为 54 个。到 2014 年发放借阅证 3944 万个，增加了 3313 万个，增加了 525%，年均增幅达到 8.3%。每万人拥有借阅证数到 2014 年为 288 个，增幅达 433%，年均增幅达到 7.5%。

　　（2）电子资源建设基础数据

　　电子文献资源近些年取得飞速发展，2011 年，公共图书馆有电子图书 5822.96 万册，每万人拥有电子资源 432 册，到 2014 年电子资源增加到 50673.64 万册，3 年增加了 44850.68 万册，增幅达到 770%，年均增长 106%，每万人拥有电子资源为 3705 册，年均增长达 105%。

与电子资源量相比，2011 年纸质藏书量有 63896 万册，当年的纸质藏书量是电子图书的 11 倍，到 2014 年纸质藏书量仅是电子图书的 1.56 倍。可见电子资源数量增加速度之快。

高校图书馆电子资源 2005 年是 48971.87 万册，平均每名大学生拥有电子资源数量为 21 册。到 2009 年已经增加到 72453.79 万册，平均每名大学生拥有电子资源数量为 25 册。

6.3.2.4 图书馆发展环境基础数据分析

（1）图书馆基础设施环境数据分析

1991 年我国公共图书馆建筑面积为 349.1 万平方米，每万人建筑面积为 30.1 平方米。到 2014 年，我国公共图书馆建筑面积为 1231.6 万平方米，增加了 882.5 万平方米，增幅达 253%，年均增幅达 5.6%。每万人建筑面积 2014 年为 90 平方米，建筑面积增加了近 60 平方米。年均增幅达 4.9%。

高校图书馆的面积在 1999 年为 7464558 平方米，到 2013 年变为 41517302 平方米，增加了 34052744 平方米，增幅达到 456%，年均增长 13%。

2004 年，高校图书馆面积为 21881431 平方米，当年在校大学生为 2000 万人，每人在校大学生拥有建筑面积为 1.09 平方米，到 2013 年增加到 1.20 平方米。

我国公共图书馆阅览室座位数 1991 年为 34 万个，当年每万人阅览室席数为 2.9 个。2014 年阅览室席数 85.6 万个，增加了 51.6 万个，增幅达 152%，年均增长 4.1%，每万人阅览室席数增加到 6.3 个。

（2）图书馆发展技术意识环境基础数据分析

2004 年我国公共图书馆有计算机 54439 台，当年人口 129988 万人，每万人拥有计算机台数为 0.42 台。到 2014 年计算机数量为 198586 台，年均增长 13.78%，每万人拥有计算机台数为 1.45 台，年均增幅为 13.2%。

2004 年高校图书馆中拥有的计算机台数为 3230150 台，当年在校大学生为 2000 万人，每万名在校大学生拥有电脑数量为 1615 台。到 2013 年计算机增加到 9515032 台，增加了 6284882 台，增幅达 195%，年均增长 13%。在校大学生每万人拥有的计算机台数为 2750 台，增幅达到 70.3%，年均增长 6%。高校图书馆中计算机数量的增幅低于大学生增加的速度，导致万人拥有的计算机数量增幅较小。

6.3.2.5　图书馆事业发展效益基础数据分析

（1）图书馆事业服务能力基础数据

1991 年公共图书馆的文献借阅次数为 13325 万册次，当年人口为 115823 万人，每万人文献借阅册次为 1150 册次。2014 年文献借阅册次为 46734 万册次，增加了 33409 万册次，增加了 251%，年均增长 5.6%。每万人文献借阅册次为 3417 册次，增加了 2267 册次，年均增长 4.8%。

2004 年服务人口数量为 256.07 万人次，到 2014 年达到 973.7 万人次，年均增长 14%。

2004 年全国公共图书馆举办讲座 15393 次，到 2014 年举办讲座 54939 次，增加了 39546 次，年均增长 13.6%。

1991 全国公共图书馆书刊文献外借人次为 7949 万人次，到 2014 年达到 22736.66 万人次，增加了 14787.66 万人次，增幅达 186%，年均增长 4.7%。

流通人次从 1991 年的 20496 万人次，到 2014 年的 53036 万人次，增加了 32540 万人次，增幅达 159%，年均增长 4.2%。

（2）图书馆事业服务效果基础数据

1991 年全国公共图书馆事业收入 36764 万元，当年的 GDP 为 22005.6 亿元，图书馆事业产值对 GDP 的贡献为 0.016%。2014 年全国的公共图书馆事业收入为 1212979 万元，当年的 GDP 为 643974 亿元，图书馆事业产值对 GDP 的贡献为 0.018%。全国公共图书馆事业收入的平均增幅为 16.4%，图书馆事业产值对 GDP 的贡献略有增加。

1991 年全国公共图书馆事业支出为 34388 万元，当年公共财政支出为 3386.6 亿元，图书馆事业产值占公共财政的比值为 0.1%。到 2014 年全国公共图书馆事业支出为 1163583 万元，平均增幅为 16.5%，图书馆事业产值占公共财政的比值为 0.08%，这一比例从 1991 年的 0.1%，到 1998 年的 0.12%，先增加，而从 1999 年又逐渐下降，2010 年和 2011 年比例为 0.07%。

图书馆事业产值占文化事业的比例，2006 年为 21.77%，到 2014 年下降为 19.94%，呈逐年下降趋势。

4.3.2.6 新技术应用于图书馆事业发展基础数据分析

1998 年 CSSCI 收录我国图书情报领域的学术论文 3820 篇论文，到 2015 年收录 5982 篇学术论文。2016 年统计数据只有 3487 篇论文，显然数据统计不全。2011 年发表论文最多，有 6467 篇，增加了 56.6%，年均增长 2.7%。

图书情报学国家社科基金项目从 1998 年的 11 项，到 2016 年的 140 项，增加了 129 项，增幅达 1173%，年均增长 15%。

图书馆发明专利数据来源于国家知识产权局网站，只统计发明专利的数量，主要是因为发明专利代表着新技术、创新的方向。1998 年只有发明专利 1 件，到 2016 年有发明专利 84 件，从 2006 年后发明专利的数量开始迅速增加。

图书馆学专业毕业生人数在 2002 年是 380 人，到 2008 年增加到 565 人，增加了 185 人。图书馆从业人员包括公共图书馆、高校图书馆和科研机构图书馆等人员。图书馆新技术人才用图书馆学毕业生人数代替，图书馆新技术人才占图书馆人才的比重从 2002 年的 0.76%，增加到 2008 年的 1.04%。

▶ 6.4 我国图书馆事业发展综合水平评价实证研究

6.4.1 原始数据的标准化

利用上述正向数据标准化方法计算出标准化数据如表 6-8—表 6-10 所示。

表 6-8 标准化数据 1

年份	每百万人图书馆从业人员数	图情专业学生占高校毕业生的比例	每万人图书购置费	图书经费占GDP比例	每名在校大学生图书情报投入经费	每百万人拥有图书馆机构数	每万名在校大学生拥有图书馆数量	每万人拥有藏书数量	每名在校大学生拥有藏书数量	每万人拥有借书证数
1991	0.00		0.00	0.67		0.50		0.00		0.04
1992	0.20		0.01	0.67		0.45		0.01		0.02
1993	0.40		0.01	0.17		0.40		0.00		0.02
1994	0.20		0.04	0.33		0.35		0.02		0.01
1995	0.20		0.04	0.00		0.35		0.02		0.01

续表

年份	每百万人图书馆从业人员数	图情专业学生占高校毕业生的比例	每万人图书购置费	图书经费占GDP比例	每名在校大学生图书情报投入经费	每百万人拥有图书馆机构数	每万名在校大学生拥有图书馆数量	每万人拥有藏书数量	每名在校大学生拥有藏书数量	每万人拥有借书证数
1996	0.40		0.05	0.00		0.25		0.03		0.00
1997	0.60		0.07	0.17		0.20		0.13		0.01
1998	0.60		0.08	0.33		0.20		0.14		0.02
1999	0.60		0.09	0.33		0.15		0.16		0.02
2000	1.00		0.11	0.50		0.10		0.19		0.02
2001	0.40	0.37	0.13	0.67	0.00	0.10		0.21		0.08
2002	0.40	0.37	0.16	0.83	0.13	0.05		0.22		0.11
2003	0.40	1.00	0.18	0.83	1.00	0.05	0.69	0.24		0.12
2004	0.40	0.18	0.22	0.67	0.27	0.00	1.00	0.29	0.88	0.16
2005	0.60	0.13	0.25	0.67	0.25	0.10	0.44	0.33	0.86	0.16
2006	0.60	0.12	0.29	0.67	0.40	0.10	0.25	0.37	0.89	0.18
2007	0.60	0.07	0.36	0.67	0.40	0.15	0.00	0.41	0.92	0.22
2008	0.60	0.05	0.43	0.67	0.78	0.15	0.44	0.48	0.91	0.27
2009	0.60	0.01	0.50	0.83	0.19	0.25	0.38	0.55	0.95	0.36
2010	0.80	0.00	0.53	0.50	0.25	0.30	0.31	0.62		0.44
2011	0.80	0.04	0.67	0.67	0.63	0.50	0.31	0.67		0.49
2012	1.00	0.07	0.83	1.00	0.50	0.90	0.13	0.78		0.58
2013	1.00	0.00	0.95	1.00	0.35	1.00	0.06	0.91	1.00	0.69
2014	1.00	0.02	1.00	1.00	0.45	0.95	0.00	1.00		1.00

表 6-9 标准化数据 2

每万人拥有电子资源数量	每名在校大学生拥有电子资源数量	每万人拥有阅览室面积	每名在校大学生拥有建筑面积	每万人拥有阅览室座位数	每万人拥有电脑数量	每万名在校大学生拥有电脑数量	每万人文献借阅册次	读者举办讲座次数	服务人口数量	书刊文献外借人次
		0.00		0.00			0.07			0.06
		0.02		0.00			0.04			0.04
		0.02		0.00			0.00			0.00
		0.07		0.00			0.01			0.02
		0.07		0.00			0.00			0.01
		0.10		0.00			0.05			0.05
		0.13		0.03			0.12			0.10
		0.16		0.09			0.11			0.12
		0.17		0.12			0.13			0.13
		0.29		0.12			0.15			0.17
		0.23		0.15			0.16			0.18
		0.26		0.15			0.24			0.22
		0.26		0.21			0.20			0.23
		0.30	0.15	0.21	0.26	0.00	0.18	0.00	0.11	0.20
	0.20	0.36	0.15	0.24	0.00	0.02	0.24	0.05		0.24
	0.00	0.41	0.77	0.26	1.00	0.10	0.26	0.10		0.28
	0.60	0.43	0.77	0.32	0.97	0.15	0.26	0.10	0.21	0.28
	1.00	0.48	0.00	0.38	0.70	0.13	0.31	0.17	0.00	0.33
		0.56	0.54	0.47		0.19	0.39	0.25	0.47	0.40
		0.62		0.53			0.41	0.30	0.19	0.44
0.00		0.73		0.65			0.47	0.41	0.56	0.53
0.09		0.80		0.74			0.60	0.58	0.77	0.66
0.72		0.92	1.00	0.91		1.00	0.83	0.83	0.88	0.86
1.00		1.00		1.00			1.00	1.00	1.00	1.00

表 6-10　标准化数据 3

流通人次	图书馆事业占文化事业增加值的比例	图书馆事业对GDP贡献率	图书馆事业产值占公共财政的比值	图书馆专利数量	图书馆科研论文量	国家级科技项目数	图书馆新技术人才占图书馆人才的比重
0.16		0.57	0.60				
0.11		0.43	0.80				
0.07		0.29	0.60				
0.01		0.14	0.80				
0.00		0.00	0.80				
0.02		0.00	0.80				
0.05		0.29	1.00				
0.07		0.43	1.00	0.00	0.08	0.00	
0.10		0.43	0.60	0.03	0.12	0.01	
0.12		0.57	0.60	0.03	0.00	0.02	
0.17		0.71	0.60	0.12	0.15	0.10	
0.20		0.71	0.40	0.04	0.22	0.18	0.00
0.19		0.71	0.60	0.04	0.32	0.16	0.13
0.20		0.71	0.60	0.09	0.56	0.19	0.58
0.24		0.71	0.40	0.06	0.58	0.23	0.32
0.28	1.00	0.57	0.40	0.12	0.61	0.28	1.00
0.31	0.96	0.57	0.40	0.17	0.71	0.30	0.95
0.36	0.59	0.57	0.20	0.19	0.91	0.42	0.74
0.46	0.48	0.71	0.20	0.44	0.93	0.46	
0.48	0.07	0.57	0.00	0.56	0.87	0.60	
0.60	0.00	0.57	0.00	0.49	1.00	0.71	
0.75	0.29	0.86	0.20	0.44	0.91	0.86	
0.90	0.76	1.00	0.20	1.00	0.84	0.99	
1.00	0.08	0.86	0.20	0.76	0.74	1.00	

6.4.2 权重测算

根据上述指标权重的确定方法，计算出各指标权重如表6-11
所示。

表 6-11 各指标体系权重

一级 指标	权重	二级 指标	权重	三级 指标	权重
图书馆 事业投 入X_1	0.159	人力资源投入 $X_{1.1}$	0.044	每百万人图书馆从业人员数 $X_{1.1.1}$	0.035
				图情专业学生占高校毕业生的 比例$X_{1.1.2}$	0.009
		财力投入$X_{1.2}$	0.115	每万人图书购置费$X_{1.2.1}$	0.021
				图书经费占GDP比例$X_{1.2.2}$	0.039
				每名在校大学生图书情报投入 经费$X_{1.2.3}$	0.055
图书馆 事业产 出X_2	0.275	图书馆事业产 出水平$X_{2.1}$	0.122	每百万人拥有图书馆机构数 $X_{2.1.1}$	0.007
				每万名在校大学生拥有图书馆 数量$X_{2.1.2}$	0.052
				每万人拥有藏书数量$X_{2.1.3}$	0.043
				每名在校大学生拥有藏书数量 $X_{2.1.4}$	0.007
				每万人拥有借书证数$X_{2.1.5}$	0.013
		电子资源服务 水平$X_{2.2}$	0.153	每万人拥有电子资源数量$X_{2.2.1}$	0.035
				每名在校大学生拥有电子资源 数量$X_{2.2.2}$	0.118

续表

一级指标	权重	二级指标	权重	三级指标	权重
图书馆事业发展环境 X_3	0.299	基础设施环境 $X_{3.1}$	0.17	每万人拥有阅览室面积 $X_{3.1.1}$	0.051
				每名在校大学生拥有建筑面积 $X_{3.1.2}$	0.102
				每万人拥有阅览室座位数 $X_{3.1.3}$	0.017
		技术意识环境 $X_{3.2}$	0.129	每万人拥有电脑数量 $X_{3.2.1}$	0.114
				每万名在校大学生拥有电脑数量 $X_{3.2.2}$	0.015
图书馆事业发展效益 X_4	0.115	服务能力 $X_{4.1}$	0.051	每万人文献借阅册次 $X_{4.1.1}$	0.008
				读者举办讲座次数 $X_{4.1.2}$	0.012
				服务人口数量 $X_{4.1.3}$	0.007
				书刊文献外借人次 $X_{4.1.4}$	0.010
				流通人次 $X_{4.1.5}$	0.014
		服务效果 $X_{4.2}$	0.064	图书馆事业占文化事业增加值的比例 $X_{4.2.1}$	0.028
				图书馆事业对GDP贡献率 $X_{4.2.2}$	0.015
				图书馆事业产值占公共财政的比值 $X_{4.2.3}$	0.021
新技术应用于图书馆事业发展 X_5	0.152	图书馆利用新技术的水平 $X_{5.1}$	0.073	图书馆专利数量 $X_{5.1.1}$	0.015
				图书馆科研论文量 $X_{5.1.2}$	0.037
				国家级科技成果奖励数 $X_{5.1.3}$	0.021
		图书馆新技术应用效果 $X_{5.2}$	0.079	图书馆新技术人才占图书馆人才的比重 $X_{5.2.1}$	0.079

6.4.3 图书馆事业发展综合水平评价与结果分析

利用上述评价模型计算出各个年份图书馆事业发展综合水平指数和图书馆事业投入指数、图书馆事业产出指数、图书馆事业发展环境指数、图书馆事业发展效益指数和新技术应用于图书馆事业发展指数（见表6-12）。

表 6-12 图书馆事业发展水平指数

年份	图书馆事业投入指数	图书馆事业产出指数	图书馆事业发展环境指数	图书馆事业发展效益指数	新技术应用于图书馆事业发展指数	综合指数
1991	0.026	0.004		0.024		0.054
1992	0.033	0.004	0.001	0.025		0.063
1993	0.021	0.003	0.001	0.018		0.042
1994	0.021	0.003	0.003	0.019		0.047
1995	0.008	0.003	0.004	0.017		0.032
1996	0.015	0.003	0.005	0.018		0.041
1997	0.029	0.007	0.007	0.028		0.071
1998	0.036	0.008	0.009	0.030	0.003	0.086
1999	0.036	0.008	0.011	0.023	0.005	0.082
2000	0.057	0.009	0.017	0.026	0.001	0.108
2001	0.046	0.011	0.014	0.029	0.009	0.109
2002	0.06	0.011	0.015	0.026	0.012	0.125
2003	0.115	0.048	0.017	0.03	0.026	0.235
2004	0.061	0.073	0.064	0.03	0.072	0.3
2005	0.067	0.069	0.038	0.027	0.052	0.254
2006	0.076	0.038	0.219	0.055	0.109	0.497
2007	0.077	0.099	0.218	0.056	0.11	0.561

续表

年份	图书馆事业投入指数	图书馆事业产出指数	图书馆事业发展环境指数	图书馆事业发展效益指数	新技术应用于图书馆事业发展指数	综合指数
2008	0.1	0.173	0.112	0.042	0.103	0.53
2009	0.074	0.057	0.094	0.049	0.051	0.324
2010	0.072	0.051	0.041	0.030	0.053	0.247
2011	0.103	0.055	0.048	0.035	0.059	0.3
2012	0.119	0.057	0.053	0.059	0.058	0.347
2013	0.113	0.09	0.179	0.085	0.067	0.534
2014	0.12	0.097	0.068	0.07	0.06	0.415

1991—2014 年，随着我国经济的快速发展，文化事业的繁荣，我国的图书馆事业也蒸蒸日上，取得了很大发展成就。图书馆事业投入逐步增加、外部发展环境持续改善、发展效益不断提高，图书馆服务社会的能力逐步增强，与图书馆事业发展相关的科学研究与基础创新领域也取得了新进展。

因此，从全国图书馆事业发展趋势来看，整体发展综合水平指数呈上升趋势，见图 6-2，2000 年以前的综合发展水平指数在 10% 以下，整体发展综合水平指数在 2007 年达到最大值，指数为 56.1%。2014 年的综合发展水平指数为 41.5%，年均增长 9.3%。但发展并不是一直呈上升趋势，在 2010 年又下降到 24.7%。图书馆事业投入、产出、发展环境、发展效益以及新技术应用于图书馆事业发展等整体趋势基本和综合水平指数保持一致。

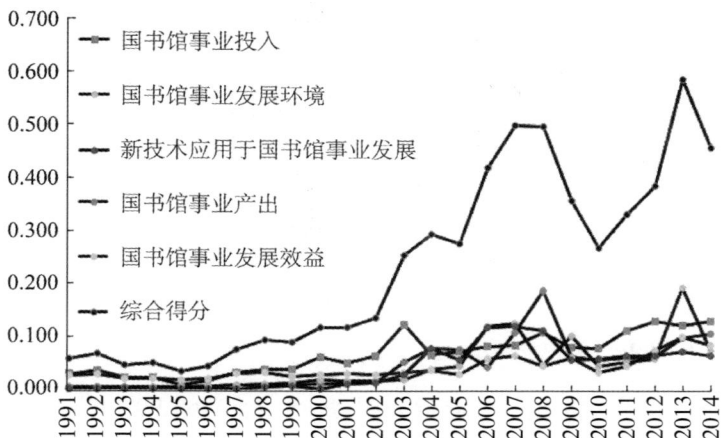

图 6-2　图书馆事业发展水平指数趋势

（1）图书馆事业发展投入持续增加

图书馆事业投入发展指数从 1991 年的 2.6%，到 2014 年变成 12%，图书馆事业发展投入指数逐年持续增加，年均增长 6.9%，但增幅比例低于综合水平指数。

从投入主体类型来看，各类型图书馆投入都在逐年增加，公共图书馆投入经费年均增长 16%。到 2014 年投入经费到 1212979 万元，每人图书事业投入经费为 8.87 元，图书经费占 GDP 比例为 0.019%。全国高校、科研院所投入经费平均增幅为 12.2%。2014 年投入经费为 26211 万元，每名在校大学生图书情报经费为 36 元。

在图书馆发展经费投入显著增长的同时，图书馆人力投入也保持着稳步增长。虽然每百万人图书馆从业人数年均增幅只有 1.26%，但公共图书馆事业从业人员增幅达到 33.38%。高校和科研机构从事图情专业人员年均增幅达 37.68%。

（2）图书馆事业产出规模不断扩大

图书馆事业产出指数整体呈逐步增加的趋势，在 2008 年产出指数最高达 17.3%。随着公共财政投入增加，我国公共图书馆的机构数量持续扩大，到 2014 年公共图书馆的数量为 3117 个，比 1991 年增加了 582 个，增幅达 23%。高等教育事业的发展带动高校图书馆的快速发展，2015 年有图书馆 2560 个，比 1999 年增加了 1489 个，增幅达 139%，年均增长 5.6%。

机构数量增加带来的是藏书量的激增。到 2014 年藏书量为 79092 万册，比 1991 年增加了 48478 万册，翻了一倍还多。2013 年全国高校图书馆的藏书量为 221300.9 万册，平均增速为 7.8%。

电子文献资源近些年取得飞速发展，2011 年公共图书馆有电子图书 5822.96 万册，到 2014 年电子资源增加到 50673.64 万册，3 年增加了 44850.68 万册，增幅达到 770%，年均增长 106%。

（3）图书馆发展环境持续改善

图书馆事业发展环境指数在 2006 年和 2007 年两年达到最大值，分别为 21.9% 和 21.8%。

图书馆建筑环境指数增加显著，每万人建筑面积由 1991 年的 30.1 平方米，提高到 2014 年的 90 平方米。每名在校大学生拥有建筑面积由 2004 年的 1.09 平方米，提高到 2013 年的 1.20 平方米。高校图书馆的面积在 1999 年为 7464558 平方米，提高到 2013 年的 41517302 平方米，增加了 34052744 平方米，年均增长 13%。每万人阅览室席数从 1991 年的 2.9 个，提高到 2014 年的 6.3 个。

图书馆发展技术意识环境逐步强化。每万人拥有计算机台数从 2004 年的 0.42 台，提高到 2014 年的 1.45 台，年均增长 13.2%。每万名在校大学生拥有电脑数量从 2004 年的 1615 台，提高到 2750 台，年均增长 6%。

（4）图书馆服务社会能力不断增强

图书馆服务社会效益指数从 1991 年的 2.4%，提高到 2014 年的 7%，最高达到 8.5%。服务人口数量增加显著，年均增长 14%，对外提供借阅、流通人次增幅较大。每万人文献借阅册次由 1991 年的 1150 次，增加到 2014 年的 2266 册。流通人次年均增长 4.2%。社会效益显著提升。图书馆事业对 GDP 的贡献比例有很大增长。

（5）服务于图书馆事业发展的科学研究与技术创新领域取得了新进展。

新技术应用于图书馆事业发展指数数据分析始于 1998 年，整体呈上升趋势，在 2006 年以前指数在 10% 以下，2006 年、2007 年和 2008 年达到最大值，分别为 10.9%、11% 和 10.3%，以后指数又下降到 10% 以下，并基本保持稳定。从投入、产出、环境、效益和新技术五个层面来看，新技术对于图书馆事业发展越来越重要，对于图书馆事业发展水平进步的贡献越来越大。

知识产权战略的实施促进了与图书馆领域相关的发明专利申请量迅速增加，1998 年只有相关专利 1 件，到 2016 年有发明专利 84 件。图书情报国家基金项目年均增幅达 15%。高水平论文在 2011 年达到 6467 篇。最明显的表现为图书馆新技术人才占图书馆人才的比重增加较多，2002 年为 0.76%，在 2006 年、2007 年和 2008 年比例分别达到 1.14%、1.12% 和 1.04%。

在取得以上进步的同时，通过图书馆事业发展水平评价反映出一些值得重视的问题。

（1）从整体发展来看，图书馆事业发展综合水平指数呈上升趋势，但并不是一直呈上升趋势，而是在 2007 年达到高峰后，有下降趋势。这说明图书馆事业发展整体水平有波动。这种波动在图书馆事业投入、产出、发展效益、发展环境、新技术应用等方面的相同时间段也有反映。

（2）图书馆人力资源投入虽然增加迅速，但公共图书馆从业人员总体规模偏小。每百万人图书馆从业人数只有 41 人，且年均增幅只有 1.26%。与全国人口的增长以及图书馆规模扩大的速度相比差距较远，与国外图书馆从业人员的差距较大。美国公共图书馆从业人员在 2010 年已经达到 145244 人，是我国当年从业人数的 2.7 倍。而美国的人口仅为我国的五分之一左右。公共图书馆从业人员规模偏小是制约我国公共图书馆事业发展的重要人力资源因素。图情专业学生占高校毕业生的比例近些年一直呈现下降趋势，2001 年占比为 0.112%，到 2014 年只有 0.042%。这主要是因为图情专业学生的增幅远远小于高校毕业生的增幅。

（3）虽然图书馆机构数量、藏书量等增加迅速，但由于人口增加迅速和高校扩招，导致每百万人拥有的图书馆机构数增幅不大，而平均每万人在校大学生拥有图书馆的数量整体趋势在递减。

（4）图书馆事业财政投入虽然持续增加，但图书馆事业产值占文化事业的比例呈逐年下降趋势。图书馆事业产值占公共财政的比值在 1999 年后也逐渐下降。这说明政府对图书馆事业财政投入增加的速度小于文化事业和公共财政的投入。

（5）图书馆事业发展技术环境意识虽逐步强化，但每万人拥有计算机台数仍较少，应用于图书馆事业发展的新技术创新能力近年表现乏力。虽然应用于图书馆事业的技术指标增速较大，但近年来图书馆事业的技术发展指数增速缓慢，不能有效发挥技术创新对于图书馆事业发展的促进作用。

▶ 6.5 结论及展望

（1）注重评估，缺乏水平评价。现有的图书馆评估工作是基于标准与规范的对比，理念是将图书馆活动的目标与理想标准对比，目的是实现图书馆事业发展的标准化、规范化和科学化。缺乏从系统的观点对图书馆事业发展水平进行综合界定与评价。

（2）图书馆评估模型虽然已发展成注重投入产出、成本效益分析和绩效评价，但模型是基于投入、过程、产出和效果的线性结构，评价系统中缺乏对环境和技术等因素的考虑。

（3）开展图书馆事业发展综合水平评价，是以绩效评价为导向，引导图书馆事业明确定位和目标，关注事业发展与建设的科学价值、经济效益和社会效益，推动图书馆事业快速发展的有效举措。

（4）图书馆事业发展综合水平包括图书馆事业建构能力、服务社会能力和利用新技术的能力三个层次。对其评价要构建包括图书馆事业投入、图书馆事业产出、图书馆事业效益、图书馆事业发展环境、图书馆事业新技术5个一级指标、10个二级指标、29个三级指标的综合评价体系。

（5）图书馆事业发展综合水平整体呈上升趋势，表现为图书馆事业发展投入持续增加，产出规模不断扩大、发展环境得到改善、服务社会的能力不断增强、图书馆利用新技术的能力不断增强。

虽然本书从五个维度、三个层次设计了一套包含 20 多个指标的评价体系来整体评价图书馆事业综合发展水平。但对于一个国家图书馆事业发展的评价制约指标因素太多，加之数据收集的难度，本书的评价存在有待进一步完善和下一步需要做的工作。

第一，从整体来看，图书馆事业发展的整体水平需要进行连续监测与评价，进而来比较年度发展情况，及时找出年度发展存在的问题。因此，这个综合发展水平指数未来要每年评价一次，分指标对比评价。

第二，根据社会的发展和认知的变化，图书馆事业发展的外部环境和内部驱动因素都会发生变化，甚至图书馆事业发展的服务目标都会发生变化。因此，为保证评价的科学性，在保持整体评价指标体系稳定性的基础上，对个别指标进行动态的调整和修改，以保持指标评价的适应性。同时，对指标的权重也要及时调整，以反映不同的发展阶段不同指标的重要程度。如在图书馆事业的建设期，投入指标的权重肯定要大，而随着技术发展，新技术的应用对于图书馆事业发展的重要性越来越重要，指标权重也应该越来越大。

第三，为进一步分析和了解不同区域和类型图书馆事业发展水平，未来要分区域和分类型进行综合水平发展指数评价，根据地区发展水平指数把不同地区图书馆事业发展水平进行分类，并根据不同的维度对比这些地区在哪些方面具有优势和劣势，以便后期发展中提出有针对性的战略措施。同时，对不同类型的图书馆进行比较分析，评价在投入、产出、发展环境、发展效益、新技术应用等方面的差异。

Chapter **7**

图书馆学科建设与图书馆事业发展协整分析

　　图书馆学作为一门在图书馆实践中逐步产生的学科，其发展的基础来源于图书馆事业的发展，而其自身的发展又为图书馆事业发展提供了要的资源要素，是图书馆事业稳定发展的支撑，是图书馆事业发展的重要基石。图书馆学与图书馆事业存在关联性是学科建设与事业发展关系决定的必然，而二者关系并不总是表现为良性互动。图书馆学科建设不总是能促进图书馆事业发展。在 20 世纪 90 年代，图书馆事业进入一个崭新的发展阶段。然而，与高涨发展的图书馆事业相比，图书馆学教育却出现了低落和逆流现象。二者的关系是否具有互动性，笔者前期的研究认为二者的关系在不同的发展阶段具有不同的互动特征和模式。而二者的互动阶段是否具有长期稳定性和均衡性，以及经济学指标上反映关系如何，这促使本书不得不对二者关系进行深层次的理性思考。

▶ 7.1 图书馆学与图书馆事业发展协整分析

7.1.1 二者协整分析内涵与思路

图书馆学与图书馆事业协调发展应该表现为二者具有长期的稳定关系，即使某一阶段二者相互发生背离，破坏其稳定的均衡，但系统中二者之间要素能通过互相调整、纠偏机制，自发维持这种均衡关系，同时，二者在各自的发展过程中相互作用、相互影响。图书馆学教育能通过知识和人才要素的提供促进图书馆事业的发展。图书馆事业发展也能带动图书馆学教育人才和知识的聚集。

本书通过指标选取，先构建图书馆学与图书馆事业发展的回归模型，看二者是否具有关联性。然后，为了消除伪回归现象，利用单位根检验对各变量数据进行平稳性检验，利用协整检验分析图书馆学与图书馆事业发展是否具有稳定关系。最后利用格兰杰因果关系检验考察图书馆学与图书馆事业发展是否具有因果关联。

7.1.2 变量与数据

通过对图书馆学科与图书馆事业发展关系分析可知，图书馆学对图书馆事业发展的贡献通过两个途径实现：一是图书馆学专业的人才培养为图书馆事业的发展提供劳动力资本，劳动力资本是蕴含在劳动者身上的知识与技能，是图书馆事业创新发展的必要条件。二是图书馆学的理论与科研成果为图书馆事业发展提供技术资本。因此，人才和知识是推动图书馆事业发展的重要的动力资源要素，也是图书馆学科建设成果的主要体现。本书选取图书馆学人才和知识两个指标来表征图书馆学科建设水平。本书中的图书馆学人才指标用高校和科研机构中图书情报工作人员代替。图书馆学知识用图书情报学发表论文代替。

图书馆事业发展综合水平不仅指图书馆事业发展投入增加、规模扩大、资源建设数量增加，也不仅指图书馆服务人口、服务活动增多。而是从图书馆事业发展对人类社会发展，特别是从服务效益角度来认识图书馆学对社会发展的促进作用和社会效益。因此，应采取多指标综合测评方法从图书馆事业投入、图书馆事业产出、图书馆事业发展环境、图书馆事业发展效益和图书馆事业发展新技术利用五个方面构建评价系统和指标体系。笔者前期测量出的图书馆事业发展综合水平指数如表 7-1 所示。

本书数据选取 2001 年至 2014 年图书馆学与图书馆事业发展水平时间序列数据。

表 7-1　图书馆学与图书馆事业发展水平时间序列数据

年份	图书馆学人才（人）	图书馆学知识（篇）	图书馆事业发展水平（指数）
2001	1161	4007	0.118
2002	1500	4204	0.135
2003	4550	4508	0.254
2004	1740	5199	0.295
2005	1930	5262	0.277
2006	2313	5343	0.419
2007	2323	5638	0.498
2008	2445	6194	0.496
2009	2067	6278	0.358

续表

年份	图书馆学人才 （人）	图书馆学知识 （篇）	图书馆事业发展水平 （指数）
2010	2131	6105	0.268
2011	2758	6467	0.331
2012	3113	6205	0.385
2013	2676	6011	0.586
2014	3030	5718	0.458

7.1.3 单位根检验

为了验证图书馆学与图书馆事业发展之间的关联性，根据本书选取的指标，以图书馆事业发展水平为被解释变量，以图书馆学人才和图书馆学知识为解释变量，构建一元线性回归模型。分析图书馆学人才培养和知识提供与图书馆事业发展之间的关系。为减少数据波动对模型拟合效果的影响，对原始数据取自然对数，见表 7-2。（RC 代表图书馆学人才，ZS 代表图书馆学知识，SP 代表图书馆事业发展水平）

表 7-2 回归分析数据指标

变量	常数项	相关系数	R^2	F	显著性水平
RC	-7.612	0.6	0.306	6.740	0.023
ZS	-21.979	0.798	0.607	21.088	0.001

上述数据表明，图书馆学人才和图书馆学知识对图书馆事业发展均具有正面显著影响，但图书馆学人才与图书馆事业发展回归模型拟合效果不好。这说明图书馆学提供的人才和知识都对图书馆事业发展

存在贡献，但贡献大小不一样，比较起来图书馆学知识对图书馆事业发展的贡献更大。

回归分析仅仅是从数据上说明了图书馆学提供的人才、知识与图书馆事业发展之间存在正相关关系。但回归分析要求数据的时间序列必须是平稳的，否则容易造成伪回归现象。为了排除这种现象，需要对这些变量进行协整关系和因果关系分析。

首先对各个变量做单位根检验，看变量序列是否平稳序列。本书利用 Eviews 8 进行检验，发现各个变量的原始数据没有表现出平稳性，进行一阶差分后发现，图书馆学人才在 5% 的显著水平下具有平稳性，而其他两个变量仍然不具有稳定性。然后对其他两个变量进行二阶差分，表现出平稳性特征（见表 7–3）。

表 7–3　变量的 ADF 单位根检验结果

指标	检验形式（C，T，K）	ADF 检验值	5% 水平临界值	平稳性
RC	（C，T，1）	−4.697	−3.875	非平稳
ZS	（C，T，1）	−0.006	−3.828	非平稳
SP	（C，T，1）	−2.009	−3.828	非平稳
ΔZS	（C，T，1）	−3.921	−3.933	非平稳
ΔRC	（C，T，1）	−10.401	−3.933	平稳
ΔSP	（C，T，1）	−2.773	−3.875	非平稳
ΔΔSP	（C，T，1）	−8.600	−4.008	平稳
ΔΔZS	（C，T，1）	−4.776	−4.008	平稳

检验形式（C，T，K）中的 C，T，K 分别代表 ADF 检验模型中的常数项、趋势项和滞后阶数。滞后期的选择标准是以 AIC 和 SC 的值最小为准则，△表示一阶差分，ΔΔ表示二阶差分。

根据恩格尔和格兰杰的协整理论，两个非平稳系列如果具有相同的单阶整数，可以进行协整性分析。因此，图书馆学人才和图书馆事业发展水平不能进行协整性分析，而图书馆学知识和图书馆事业发展水平都是二阶单整序列，可以对这两个变量进行恩格尔-格兰杰检验，看是否存在协整关系。

7.1.4 协整性检验

根据表7-4显示，残差项表现为非平稳性，因此，图书馆事业发展水平与图书馆学知识不具有协整性。因此，图书馆学知识与图书馆事业发展水平不具有长期稳定性和均衡性。虽然，图书馆学人才和图书馆事业发展水平不具有同阶单整，但本书试图对其进行协整性分析，发现图书馆事业发展水平和图书馆学人才的残差项为二阶单整平稳，所以图书馆事业发展水平和图书馆学人才为三阶单整平稳。

表7-4　残差项单位根检验结果

指标	检验形式（C，T，K）	ADF检验值	5%水平临界值	平稳性
elnZS	（C，T，1）	-2.636	-3.875	非平稳
elnRC	（C，T，1）	-5.970860	-3.933364	平稳

7.1.5 图书馆学人才与图书馆事业发展水平的因果检验

本书试图验证图书馆学人才与图书馆事业发展水平在不同阶平稳中是否具有因果关系，图书馆学人才是否能够引起图书馆事业发展水平变化，以及图书馆事业发展水平与图书馆学人才有无反馈机制。格兰杰因果关系检验显示，图书馆学人才与图书馆事业发展不具有因果关系。

▷ 7.2 结论与探讨

7.2.1 结论分析

（1）图书馆学与图书馆事业发展存在很大关联性。回归分析显示图书馆学人才与图书馆事业发展水平的相关系数为 0.6，图书馆学知识与图书馆事业发展水平的关联系数为 0.798。这充分证明了图书馆学科建设为图书馆事业发展贡献提供人力资源和知识资源要素。

（2）图书馆学科建设与图书馆事业发展之间不存在长期的均衡性和稳定性。也就是说长期来看图书馆事业发展与图书馆学科建设并不一致。这也印证了目前理论界所认为的图书馆学科建设与图书馆事业发展在不同的阶段具有不同的互动关系，有相辅相成，也有背离。出现这种现象的原因主要是图书馆事业发展在不同阶段具有冒进性，而图书馆学科建设也在不同阶段受到环境、技术等因素影响，产生了背离。

从图书馆学与图书馆事业发展关系的机理来看，图书馆学具有使其阶段性背离图书馆事业发展的独特性。图书馆学作为一门专门的独立学科教育，存在自己独特的学科理论内核、学科发展特点和规律。这些理论是图书馆学存在的基础，是图书馆学教育追求的价值体现。正是这种独立的价值体现，使图书馆学区别于别的学科而产生和发展。这就要求图书馆学教育在追求学科价值和适应社会需要两者之间保持协调和统一。图书馆学教育应该认识到只有适应社会发展对人才的需求，并据以调整自身的目标，才是图书馆学教育的发展之道。但是，这种"适应"并不是盲目迎合，不是为了适应社会的发展盲目改变学科发展的理论内核，不能让学科教育过度功利性，要逐步扩大学科发展的外延，注重工具性和价值性的统一，理论教育与应用并重，技术与人文并重①，要保持学科发展的核心价值，只有这样才能使学科发展与事业发展保持良性互动。

（3）图书馆学与图书馆事业发展也不存在明显的因果关系，学科建设的人才要素和知识要素提供，并不能直接引起图书馆事业发展水平提高，而图书馆事业发展水平的提升也不能直接引起图书馆人才和知识的聚集。主要原因在于图书馆事业对图书馆学科建设的带动力和影响力有限。事业发展为图书馆学人才需求提供的岗位并不充足，现行图书馆事业发展的体制导致了大部分图书馆学专业人才毕业后不能顺利从事图书馆工作，而且在管理体制、职称待遇、职业规划上没有提供更好的保障，人才流失严重。

7.2.2 图书馆学与图书馆事业协调发展的探讨

图书馆学与图书馆事业发展的关系要求二者必须相互协调，共同发展。为做到二者相互协调，一是要充分发挥图书馆学教育的经济功能，为图书馆事业发展提供人才和知识要素。图书馆学教育在多年的发展与调整中要逐步认识到，学科教育只有适应图书馆事业发展的需求，才能与图书馆事业发展取得良性互动。但这不是盲目地迎合，图书馆学科只有保持理论内核不变，通过调整与优化学科结构，不断拓展外延，才有其学科存在的合理性，才能在变革中不被淘汰。图书馆

---

① 肖希明. 中国百年图书馆学教育与社会的互动发展［J］. 中国图书馆学报，2017（3）：4-17.

学建设要适度超前，发挥学科建设的引领作用。图书馆学教育要通过交叉学科建设，不断为图书馆事业新的增长点提供知识、科技和人才，发挥引领作用。

二是要构建图书馆学科建设与图书馆事业发展的联动机制，加快图书馆学科成果转化，完善产学研机制。三螺旋理论认为，大学、企业、政府三种要素，通过组织结构性的安排和制度性的设计，交叉影响，最终形成既相互交织又呈螺旋上升的创新体系，以实现资源共享和效益最大化。因此，图书馆学与图书馆事业协调发展的创新机制在于实现联动发展机制内的成果转化、人才流动。

Chapter 8

图书馆学科建设对图书馆事业发展贡献测度

教育与社会发展关系理论认为教育与社会存在互动关系。图书馆学作为一门在图书馆实践中逐步产生的学科，其发展的基础来源于图书馆事业的发展，其发展要受到图书馆事业发展的影响和制约，而反过来图书馆学科建设的成果又反作用于图书馆事业发展。因此，二者关系研究成为学界关注的重点。上述研究为正确认识图书馆学科发展与图书馆事业发展的关系提供重要理论依据，但由于研究仅限于定性研究，没有从定量角度去认识二者关系，没有研究学科建设对图书馆事业发展的贡献有多大，导致不能科学地评价学科发展与事业发展的关系。因此，本书通过构建图书馆事业发展水平柯布－道格拉斯生产函数，定量测算图书馆学科建设为图书馆事业发展提供的人才和知识贡献份额。这为科学认识二者之间的关系、科学评价学科建设促进图书馆事业发展的绩效提供理论分析基础，对以绩效评价为杠杆的图书馆学一流学科建设和以绩效为导向的通过优化学科结构促进图书馆事业发展提供路径选择依据。

▶ 8.1 研究设计

8.1.1 模型构建

贡献率是分析发展效益的重要指标，图书馆学对图书馆事业发展的贡献率是指学科发展对图书馆事业发展的贡献份额，是衡量图书馆学科建设投入与产出的比例，衡量学科建设为图书馆事业发展提供人力和知识的能力。

测算贡献率的经典模型是生产函数模型。20 世纪 50 年代中期，美国经济学家 R. M. Solow 提出了余值法，以此来测定生产要素投入与产出关系及各要素在经济增长中的贡献份额。而柯布－道格拉斯生产函数模型是测算贡献率的最经典的模型。本书在分析图书馆事业发展各要素的基础上，构建了测算图书馆事业发展水平各要素贡献的新的生产函数模型。

本书认为图书馆学科建设对图书馆事业发展的贡献通过两个途径实现：一是图书馆专业的人才培养为图书馆事业的发展提供劳动力资本，劳动力资本是蕴含在劳动者身上的知识与技能，是图书馆事业创新发展的必要条件。二是图书馆学的理论与科研成果为图书馆事业发展提供技术资本。古典经济学家在强调物质资本和劳动力是经济增长主要因素的同时，也逐渐认识到技术进步的作用。熊彼特指出技术创新才是经济增长的源泉，索洛更是认为技术进步带来的经济增长远远大于资本和劳动的投入。因此，借鉴经济增长理论，基于经典的柯布－道格拉斯生产函数，本书构建以图书馆事业劳动力投入、图书馆事业资本投入和图书馆事业技术投入为投入要素，以图书馆事业发展水平指数为产出要素的图书馆事业发展函数模型，探讨各投入要素对图书馆事业发展水平指数的贡献。而对图书馆事业劳动力投入要素中的人才，本书进一步分解成经过图书馆学科教育的人才和非图书馆专业从业人员。图书馆技术投入要素中分解出图书馆科研产出技术和其他技术投入。这样图书馆技术投入、图书馆人才投入构成了图书馆学科建设总投入。因此，本书构造生产函数为以图书馆事业发展水平指数为产出函数，以图书馆资本投入、图书馆专业人才投入、非图书馆专业人才投入、图书馆专业技术投入、非图书馆技术投入五种变量为投入要素的生产函数模型，分别测算出图书馆专业人才投入和图书馆专业技术投入对图书馆事业发展水平的贡献，然后再测算出图书馆学科对图书馆事业发展的贡献。

$$Y = A L_T^{\alpha} L_F^{\beta} K^{\gamma} S_T^{\delta} S_F^{\varepsilon} e^{\mu_i}$$

其中，Y 代表图书馆事业发展水平，A 为参数，L_T 代表图书馆专业人才投入，L_F 代表非图书馆专业人才投入，K 代表图书馆资本投入，S_T 代表图书馆技术投入，S_F 代表非图书馆技术投入。α、β、γ、δ、ε 分别表示相应的弹性系数，μ_i 表示随机误差项。

对模型两边取对数得到模型：

$$\ln Y = \ln A + \alpha \ln L_T + \beta \ln L_F + \gamma \ln K + \delta \ln S_T + \varepsilon \ln S_F + \mu_i$$

据统计数据序列，采用最小二乘法（OLS），可以得出图书馆事业发展水平中的各个参数的估计值。

通过对上述函数进行求倒数，推导出各要素贡献率计算公式为：

$$E_{LT} = \frac{\alpha l}{y} \times 100\%$$

$$E_{ST} = \frac{\delta s}{y} \times 100\%$$

其中，α 为图书馆专业人才投入产出系数，δ 为图书馆技术投入产出系数，l 为图书馆专业人才增长速度，s 为图书馆专业技术增长速度，y 为图书馆事业发展水平增长速度。

8.1.2 指标与数据

图书馆事业发展综合水平不仅指图书馆事业发展投入增加、规模扩大、资源建设数量增加，也不仅指图书馆服务人口、服务活动增多。而是指图书馆事业发展对人类社会发展起促进作用，特别是从服务效益角度来认识图书馆对社会发展的促进作用和产生的社会效益。因此，笔者采取多指标综合测评方法从图书馆事业投入、图书馆事业产出、图书馆事业发展环境、图书馆事业发展效益和图书馆事业发展新技术利用五个方面构建评价系统和指标体系。

笔者在前期研究中，构建了一个包括 5 个一级指标、10 个二级指标、29 个三级指标的图书馆事业发展综合水平指数评价指标体系，测算了图书馆事业发展水平指数，如表 8-1 所示。

表 8-1 各变量指标数据

年份	图书馆事业发展水平指数	图书馆资本投入（万元）	图书馆专业人才投入（人）	非图书馆专业人才投入（人）	图书馆专业技术投入（篇）	非图书馆专业技术投入（项）
2001	0.109	184202	1161	48579	4122	10
2002	0.125	215437	1500	48447	4364	4
2003	0.235	255329	4550	49646	4658	4
2004	0.3	287177	1740	49069	5369	8
2005	0.254	333146	1930	50423	5452	6

续表

年份	图书馆事业发展水平指数	图书馆资本投入（万元）	图书馆专业人才投入（人）	非图书馆专业人才投入（人）	图书馆专业技术投入（篇）	非图书馆专业技术投入（项）
2006	0.497	378384	2313	51311	5568	10
2007	0.561	465322	2323	51650	5873	14
2008	0.53	560777	2445	52021	6499	16
2009	0.324	623571	2067	52688	6608	35
2010	0.247	659767	2131	53564	6520	45
2011	0.3	841774	2758	54475	6947	39
2012	0.347	1025624	3113	54997	6775	35
2013	0.534	1171945	2676	56320	6661	79
2014	0.415	1239190	3030	56071	6373	60

图书馆资本用图书馆投入经费代替，包括公共图书馆投入经费和高校科研院所投入经费。图书馆专业人才用图书情报专业人员数代替。非图书馆专业人员用公共图书馆从业人员数代替。图书馆专业技术用图书情报学发表的 CSSCI 来源论文和图书情报学获得的国家社会科学基金项目代替。由于国家社会科学基金项目数远远少于文章数量，为了体现国家社科基金项目的价值，本书对国家社科基金项目和论文数进行了换算。把每个国家基金项目数乘以系数 5，因为按照一般规定，一项国家社科基金项目结项平均发表 5 篇 CSSCI 论文。非图书馆专业技术用图书馆相关发明专利代替。此项数据是根据国家知识产权局网站检索的与图书馆相关的发明专利申请量。文中的统计数据来源于《中国图书馆年鉴》《中国高校图书馆发展报告》《中国科技统计年鉴》等。考虑到各要素数据序列的一致性，本书选取 2001—2014 年的数据。

▶ 8.2 实证测算分析

8.2.1　数据标准化

为消除各变量之间量纲不同对结果造成的影响，先对原始数据进行标准化处理，标准化处理使用正向指标标准化处理，正向指标表明指标数值越大该指标越重要。

设 p_i 为第 i 个指标标准化之后的数据值，v_i 表示第 i 指标的原始数据值，则正向指标的标准化公式为：

$$p_i = \frac{v_i - \min(v_i)}{\max(v_i) - \min(v_i)}$$

公式的含义是：第 i 个指标的原始数据值与该指标中的最小值之差相对于该指标最大值与最小值之差的比重，该比重越大标准化之后的数值就越高，相关数据见表 8-2。

表 8-2　标准化后的数据

年份	图书馆事业发展水平指数	图书馆资本投入	图书馆专业人才投入	非图书馆专业人才投入	图书馆专业技术投入	非图书馆专业技术投入
2001	0.00	0.00	0.00	0.02	0.00	0.08
2002	0.04	0.03	0.10	0.00	0.09	0.00
2003	0.28	0.07	1.00	0.15	0.19	0.00
2004	0.42	0.10	0.17	0.08	0.44	0.05
2005	0.32	0.14	0.23	0.25	0.47	0.03
2006	0.86	0.18	0.34	0.36	0.51	0.08
2007	1.00	0.27	0.34	0.41	0.62	0.13

年份	图书馆事业发展水平指数	图书馆资本投入	图书馆专业人才投入	非图书馆专业人才投入	图书馆专业技术投入	非图书馆专业技术投入
2008	0.93	0.36	0.38	0.45	0.84	0.16
2009	0.48	0.42	0.27	0.54	0.88	0.41
2010	0.31	0.45	0.29	0.65	0.85	0.55
2011	0.42	0.62	0.47	0.77	1.00	0.47
2012	0.53	0.80	0.58	0.83	0.94	0.41
2013	0.94	0.94	0.45	1.00	0.90	1.00
2014	0.68	1.00	0.55	0.97	0.80	0.75

8.2.2 测算与分析

利用 SPSS 计算出各要素的回归系数（见表 8-3），然后计算出各要素的平均增长速度，最后计算出各要素的贡献率，见表 8-4。

表 8-3 系数

		未标准化系数		Beta	t	Sig.
		B	标准误			
方程 1	（常数）	0.155	0.230		0.675	0.519
	资本投入	−0.328	1.365	−0.341	−0.240	0.816
	专业人才	0.007	0.460	0.005	0.015	0.988
	非专业人才	1.055	1.929	1.111	0.547	0.599
	图书馆技术	0.250	0.726	0.255	0.344	0.740
	非专业技术	−0.535	0.881	−0.513	−0.607	0.561

表 8-4   各要素贡献率测算结果

要素	系数	平均增幅	贡献率（%）
图书馆事业发展水平指数		0.3077	
图书馆资本投入	0.328	0.3409	36.33
图书馆专业人才投入	0.007	0.1529	0.35
非图书馆专业人才投入	1.055	0.014	3.92
图书馆专业技术投入	0.250	0.2042	16.59
非图书馆专业技术投入	0.535	0.1875	32.59

图书馆专业人才的弹性系数为 0.007，说明图书馆人才投入可以带来图书馆事业发展水平提升，图书馆专业人才每增加 1%，可以提高图书馆事业发展水平 0.007%。图书馆专业技术的产出弹性系数是 0.25，说明图书馆专业技术每增加 1%，可以将图书馆事业发展水平提升 0.25%。

图书馆专业人才对图书馆事业发展水平的贡献为 0.35%，相比于图书馆非专业人才的贡献份额较小。这也主要是因为目前图书馆事业发展中，专业的图书情报人才所占比例较少。但是从增长速度来看，专业的图书情报人才增长速度远远大于其他非图书馆专业人才的增长速度，相信随着图书馆专业人才增长速度的加快，图书馆专业人才对图书馆事业发展的贡献越来越大。

图书馆专业技术对图书馆事业发展贡献为 16.59%，这远远大于图书馆专业人才对图书馆事业发展的贡献。但与非图书馆专业技术相比，贡献额还是较小，就是说明图书馆事业发展中技术贡献中图书情报的专业技术贡献要小于其他技术对图书馆事业发展的贡献。但是图书馆专业技术的增长速度要大于非图书馆专业技术的增加速度。

图书馆资本对图书馆事业发展水平贡献为 36.33%，且平均增长速度为 34.09%。技术对于图书馆事业发展总的贡献为 49.18%。人才对图书馆事业发展的贡献为 4.27%。从技术、资本和劳动力来看，技术和资本是图书馆事业发展的主要要素，其对图书馆事业发展的贡献额最大，而人才对图书馆事业发展的影响很小。主要原因在于这几年图书馆人才增长速度较慢，图书馆人才规模偏小，基本稳定。

图书馆学对图书馆事业发展的贡献为 16.94%，其中专业人才的贡献为 0.35%，专业技术知识的贡献为 16.59%。这说明整体来看图书馆学对图书馆事业发展的贡献还是偏小，不能发挥学科建设对事业发展的支撑和引领作用。尤其是图书馆学科教育为图书馆事业发展提供的人才贡献偏小。主要原因为：一是图书馆学人才培养规模偏小，不能为图书馆事业发展提供有效的人才要素。二是图书馆事业发展自身存在的体制机制弊端，导致图书馆学专业人才不能有效聚集在图书馆事业发展中。还有就是图书馆学科建设与事业发展中存在背离现象，这一现实导致图书馆学培养人才不能适应图书馆事业发展的需求。

▶ 8.3 结论与讨论

本书通过对图书馆事业发展水平生产函数构建，测算了图书馆学科建设对图书馆事业发展贡献，包括图书馆学科建设为图书馆事业发展提供的人才贡献和知识贡献两个维度。科学量化认识了图书馆学科建设与图书馆事业发展之间的关系，而且研究也从量化角度证实了目前学界对二者关系研究的认知。

2001—2014 年图书馆学对图书馆事业发展的总体贡献为 16.59%。这说明了图书馆学与图书馆事业发展的关系，同时也说明这一关系中学科建设对图书馆事业发展的贡献和影响有限。图书馆学科建设对图书馆事业发展的贡献远远没有达到学科建设对事业发展的支撑、引领和拉动作用。

图书馆专业人才贡献率仅仅为 0.35%。没有起到图书馆学为图书馆事业发展提供人才要素的作用，图书馆人才培养与事业发展存在很大的脱节现象。这一现象与学界目前的认知基本相同，原因包括上面所提到的。但图书馆学教育在多年的发展与调整中要逐步认识到，学科教育只有适应图书馆事业发展的需要，才能与图书馆事业发展取得良性互动。但这不是盲目迎合，图书馆学科只有保持理论内核不变，通过调整与优化学科结构，不断拓展外延，才有其学科存在的合理性，才能在变革中不被淘汰。图书馆学与图书馆事业发展的长期关系表明，图书馆学要做到依附性与独立性的统一、工具性与价值理性的统一。

科技对图书馆事业发展水平影响非常显著，图书馆技术增加速度较快，对图书馆事业发展起到重要作用。这说明图书馆学为图书馆事业发展提供的知识和技术创新推动了图书馆事业的发展。而图书馆学的新兴交叉学科、前沿知识和技术等成为引领图书馆事业发展的新的增长点。且从整体上看，技术也是推动图书馆事业发展的主要因素。

资本和技术是推动图书馆事业发展的主要因素，人才是突破图书馆事业发展的瓶颈，这一认知在本书量化分析的数据中得到很好的体现。

本书研究存在的问题表现为，在指标选取上限于数据收集的难易程度，选取一些指标进行替代，这有可能会对研究结果的准确性造成一定的影响。同时，没有根据资本、人才培养和技术对图书馆事业发展的影响滞后期进行区分，这也是笔者进一步研究需要做的工作。

图书馆学科建设与图书馆事业发展博弈演变及效率评价

▶ 9.1 二者动态博弈演变关系分析

图书馆学科建设与图书馆事业发展关系密切。但理论界常把二者简单看成一种包含关系，没有深层次揭示二者要素流动和互动关系的实质，导致学科建设与事业发展相互独立、背离、不协调。本书认为图书馆学科建设与图书馆事业发展是两个相互联系，具有明显溢出效应和反馈效应，且具有生产链上下游博弈关系的两个阶段。两阶段可以耦合成一个综合系统来提高运行效率，实现协调发展，至少基于以下四个方面的原因。

（1）二者虽然关系密切，但可以分开，是明显的两个单元主体。图书馆学作为在图书馆事业实践发展中产生的一门应用性的学科，其产生依附于图书馆事业的发展，而其自身的发展又为图书馆事业发展提供必要的资源要素。二者相辅相成、相互促进。甚至有人认为图书馆事业发展包括图书馆学科建设。但两者明显都有自己确定的概念内涵和对象，是可以分开的两个相互独立的决策单元主体。

（2）两者在长期互动发展过程中，具有明显的前后阶段性。虽然图书馆业务实践发展早于学科建设。但自从图书馆学产生后，两者的互动过程表现为图书馆学教育为图书馆事业发展提供必要的人力资源和知识资源。而图书馆事业发展又促进了图书馆学人力资源和知识结构等要素的聚集。图书馆学科教育是图书馆事业发展的动力要素，图书馆事业发展成绩又反哺图书馆学科建设。这种互动关系基于投入产出视角和产业链视角，明显具有阶段性，一阶段的产出要素是另一阶段的投入要素，且从生产链上可以看出是具有上下游关系和反馈效应的。

（3）二者阶段性发展的互动不一致，实质为二者发展的博弈性。两者的关系在长期的发展中产生了不同的互动阶段，包括互动萌芽阶段、互动发展阶段、互动相悖阶段和互动融合阶段。这四种互动阶段的存在足以证明，二者关系并非一直相互促进，二者有背离阶段。背离的原因来自两个决策主体相互非合作博弈的结果，各自非理性追求阶段性的目的性，导致二者在互动过程中相互背离。

（4）图书馆学科与图书馆事业的阶段性链式关系不仅是单向线性关系，而且表现为双向互动，以资源集约优化利用为目的协同发展产业链。图书馆学科与图书馆事业协同一体化发展是学科建设社会化、二者融合发展的必然产物，是二者博弈的理性选择结果。

基于上述分析，本书构建图书馆学科—事业两阶段系统，目的就是更好地实现图书馆学科建设服务于图书馆事业发展，以及实现图书馆事业与图书馆学科建设互动协调发展。通过对两阶段系统效率进行评价，有利于把学科建设和事业发展看成一个整体运行，可以清晰识别中间产出对图书馆事业运行效率的影响，认识两者之间相互影响的关联性，以便有针对性地寻找绩效改进的手段，优化投入产出，提高学科建设服务于事业发展的能力。

▶ **9.2 研究现状**

对图书馆发展进行评估一直是图书馆学研究的一个重点。国外的图书馆评估起源于 20 世纪初，经历了资源评价、服务评价、满意度评价、绩效评价、数字资源评价等发展阶段。1933 年兰特首次提出对图书馆馆藏文献进行评估。早期的评价偏重对馆藏、人员、设备等输入资源的定量评价。20 世纪 50 年代，兰特开始对图书馆服务工作的内容和过程开展评估。1958 年，戈尔就图书馆参考咨询服务的流程、效率和效能进行了评估。20 世纪 60 年代，费用和效益问题被引入图书馆评估问题。20 世纪 70 年代，学界评价的侧重点从输入转向输出，开始重视对服务效果、服务质量的评价。20 世纪 80 年代和 90 年代，学界开始重视服务质量、用户满意度等绩效评价。进入 21 世纪，学界开始关注图书馆电子资源、数字图书馆、网络资源的评价。

国外对图书馆的评价从注重政府投入，逐步发展成重视图书馆绩效，形成了成本效益、目标管理、服务质量、绩效评价等多评价方法。评估模型主要包括 Blaise Cronin 的投入成本、影响和效益模型；Scot Nicholson 的活动效率、成本收益分析模型；Richard Orr 提出的基于"投入—过程—产出—成果贡献"的 IPOO 模型；John Carlo Bertot 和 Charles R. Mcclure 建立的包括投入、产出、服务质量、服务成果的图书馆绩效模型。

国内图书馆评估始于 20 世纪 80 年代对高校图书馆的评估，文化部先后 7 次对公共图书馆进行评估。国内研究多重视图书馆评估实证分析，理论研究集中在评估理论、绩效评估模型构建、评估指标体系、评估方法和评估实践等。既有对公共图书馆、高校图书馆的评估，也有从图书馆电子资源、资源建设、服务效率、资源利用等不同角度的评估。评价方法包括成本效益、绩效评价、平衡计分卡、数据包络分析、LibQUAL+TM 服务质量评价、模糊综合评价等。

对图书馆学科建设的评价多是基于文献计量学进行成果产出的评价，表现在基于论文、期刊、学者等的评价。

因此，国外图书馆评估理论和实践都较为成熟，呈现多元化的评估主体、多样性的评估方法、标准化的评估工具、健全的评价指标体系和合理的逻辑模型等特征。国内图书馆评估经历了由以建设性为中心向以效能为中心的转变，由注重经济与效率向注重效益、服务质量和公民导向方面发展。上述以资源、服务、绩效为主的评价研究，指标体系丰富健全，理论模型逻辑合理，评价方法多样，但仍存在不足：重视以图书馆实体为对象的评估，缺少从图书馆事业发展层面上的整体水平性评价。图书馆学科建设评价注重产出，缺少投入产出的效率评价。更缺少基于图书馆学科建设与图书馆事业发展关系的整体效率评价。鉴于此，本书通过构建图书馆学科—事业两阶段模型，对两阶段效率进行评价。

▶ 9.3 两阶段模型构建

9.3.1 概念界定

图书馆学科：本书指狭义的学科分类体系，主要是图书馆学专业建设，部分指标在选取时扩大到图书情报档案一级专业学科。

图书馆事业：本书重点不在于从不可或缺的社会结构论述图书

馆事业的理论内涵，而主要从便于测量的角度，从图书馆事业发展结构、业务、实体层面来描述事业体系的数量、质量、规模和发展情况。

9.3.2 二者博弈演化分析

在图书馆事业发展的具体某一阶段，图书馆学科建设与图书馆事业发展具有明显的供应链阶段性关系。图书馆学科建设与图书馆事业发展可以看成两个上下游供应链关系上的决策主体。图书馆学科建设为图书馆事业发展提供人才要素和知识要素。这些要素是图书馆事业科学发展的必要投入要素。

这两个供应链上下游关系的决策主体，在发展过程中是两个追求各自利益最大化的独立主体，发展中具有博弈关系。理性上，二者应该是基于合作进行博弈发展的，合作既能促进事业发展又能推动学科建设。一方面可以优化学科人才培养、指导研究方向、降低学科建设与现实需求脱节的风险和成本；另一方面有利于事业发展繁荣，实现二者协同发展的利益最大化。合作博弈是学科建设与事业发展长期博弈过程中均衡策略。

但由于实际发展中的非理性，致使二者在发展中产生非合作博弈，表现为学科建设与事业发展相互背离。从供应链上游看，原因在于学科建设对于社会需求预期的预判、学科发展的社会影响力评判和学科建设独立性等特征。学科独立性导致对学科建设的定位，并不一定是为事业发展培养人才和产生知识。学科建设会片面追求新技术、新理论、新定位，忽视社会实际效益。从供应链下游看，图书馆事业发展环境改善、产生社会效益未能反哺学科发展，未引起学科人才需求增加，相关知识理论没有有效指导事业发展。但长期来看，二者在发展过程中会不断调整和改进策略，使学科建设的人才培养、知识成果能应用于事业发展，而事业发展带来的环境改善又反作用于学科发展。这种合作博弈是二者长期博弈演化的均衡策略。

从博弈的策略和收益来看，比较特殊的一点在于，二者在博弈的过程中即使是非合作博弈，二者的供应链关系也不会断裂，只是双方的收益都受损，社会协调学科建设与事业发展的总成本增加。如果学科建设与事业发展选择合作，事业发展分担学科建设投入成本，使得学科建设人才培养和知识产出量增加，进而促进事业发展，其发展效益会反哺到学科建设，双方的收益就会超过不合作时的收益与单独发展的效益。当一方选择合作而另一方不合作时，不合作方的单独收益越大，双方合作的概率就越小。比如，图书馆学科建设如果与图书馆事业不合作，不把研究对象限定于图书馆实体，而能够使学科建设在社会中更具有吸引力、服务社会应用效果更明显，就会选择不合作。图书馆事业在经验主义基础上发展很好的时候，就不会选择与学科建设合作。结果就会造成社会为此付出的总成本增加。曾经存在的相互背离阶段就是很好的证明。

综合上述观点可知，在供应链协同学科建设与事业发展的合作中，双方合作的概率受到合作社会成本、学科建设的溢出能力与图书馆事业的吸收能力，合作所能获得的收益等影响。虽然二者发展过程中对于各自利益最大化的追求会促使二者进行合作，但由于二者并没有完全对利益追求的特性，同时监督与管理机制缺失也是引导二者非合作的重要因素。因此，好的监督和引导机制是实现二者协调发展的重要政策因素。

9.3.3　两阶段系统效率评价模型

从上述基于供应链的博弈分析可知学科建设与事业发展具有两阶段性，且长期博弈来看两阶段具有一定的稳定性。基于此构建合作博弈下具有主从关系的图书馆学科—事业两阶段系统模型。对图书馆学科—事业两阶段系统投入要素、中间要素、产出要素进行分析界定，构建具有中间投入和中间产出的两阶段效率评价模型，如图9-1所示。

图书馆学科建设在运行中投入人力、财力，产出图书馆学科人才和知识等。而图书馆人才和知识作为中间产出，又是图书馆事业发展的投入要素。产出是图书馆事业发展的效益，包括环境建设、资源建设、服务能力等。

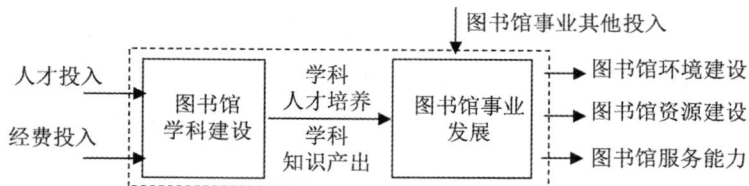

图 9-1　两阶段系统模型

▶ 9.4 效率评价

学科效率评价不同于学科建设成果评估，重视的是在一定资源投入下产出成果的效率。在"双一流"建设指导下，目前我国的学科建设评估重视水平评价，忽视效率评价。图书馆事业发展效率评价是指导图书馆进行资源、服务有效配置的手段，是图书馆协调发展、公平发展的指导依据。

投入产出法是效率评价常用的定量分析方法。而数据包络分析，简称DEA，是一种针对多投入和多产出的决策单元之间相对效率进行评价的系统分析方法。优点在于不考虑生产函数的形式、数据的无量纲化、权重体系等便可研究决策单元的技术有效性和规模有效性，并指出决策单元非有效性的原因以及如何进行有效性调整。因此，利用DEA方法对图书馆发展绩效评价研究的较多，如傅才武和张伟锋[1]、沈思[2]、范红霞和刘泽隆[3]分别利用DEA模型对图书馆服务效率、资源建设效率和资源利用效率进行评价。

随着对DEA模型的研究与改进，产生了可以进行分阶段和整体效率评价的网络DEA模型，并应用到不同的领域，如技术创新研发、商业银行等效率评价。对于图书馆学领域，孙志静、田景梅和李新运[4]也提出利用两阶段DEA评价图书馆建设与学科发展的效率。李建霞[5]提出利用二阶段模型评价图书馆服务过程的动态绩效。基于上述对图书馆学科与图书馆事业发展关系的分析以及两阶段模型的构建，本书

---

① 傅才武，张伟锋.基于DEA模型的我国县级公共图书馆服务效率研究［J］.国家图书馆学刊，2018，27（2）：26-35.

② 沈思.基于DEA的高校图书馆图书资源配置微观效率研究［J］.科技管理研究，2011，31（9）：114-116.

③ 范红霞，刘泽隆.高校图书馆资源使用效率测定的DEA模型分析［J］.情报杂志，2008（4）：157-158.

④ 孙志静，田景梅，李新运.两阶段DEA在图书馆建设促进学科发展效率评价中的应用——基于32所教育部直属高校的实证分析［J］.图书馆，2016（9）：60-64、76.

⑤ 李建霞.高校图书馆二阶段绩效动态评价研究［J］.图书情报工作，2015，59（7）：61-68.

考虑中间要素对整体效率的影响，分析两阶段系统中不同子系统效率及系统整体效率。

9.4.1 变量与指标选取

图书馆学科建设与图书馆事业发展是两个多投入、多产出的具有上下游产业链关系的两阶段动态系统，需要多指标才能真正反映系统的运行机制和关联。从图书馆学科建设的投入要素到图书馆事业发展的产出要素并非单一的线性关系，而是多层次、多指标的具有溢出和反馈关系。本着指标选取的代表性、可行性原则，本书选取以下指标体系。

图书馆学科建设人才投入用图书馆、情报与文献学的科学家和工程师数代替，包括研发机构和高等学校。图书馆学科建设经费投入用图书馆、情报与文献学的研发课题经费投入代替，包括研发机构和高等学校。图书馆学科建设人才培养用图书馆专业毕业生人数代替。图书馆学科建设知识产出用图书情报文献学国家社科基金项目、发明专利数量、图书情报 CSSCI 论文数表示。

图书馆事业其他投入包括图书馆事业人力投入、图书馆事业财力投入，分别用图书馆事业从业人员、图书经费投入指标表征。图书馆事业产出包括图书馆资源建设、服务能力和环境建设三个方面，本书用图书馆数量、公共图书馆藏书数量指标表征图书馆资源建设产出能力，用公共图书馆流通人次、公共图书馆借阅次数、公共图书馆发放借阅证数量指标表征图书馆服务产出能力，图书馆事业的发展离不开外部环境的支持，环境影响着图书馆事业发展的效益，本书用公共图书馆建筑面积、公共图书馆阅览席数表征图书馆环境建设产出能力。

9.4.2 数据来源

本书选取 2002—2015 年的图书馆学科建设与事业发展的时间序列数据为样本，图书馆学科建设人才、经费投入数据来源于《中国科技统计年鉴》。图书馆事业财政投入、人才投入、图书馆数量、藏书量、流通人次、借阅次数、借阅证数量、建筑面积、阅览室席数数据来源于《中国图书馆年鉴》。图书情报 CSSCI 论文来源中文社会科学引文索引数据库检索。发明专利来源于中国国家知识产权局网站检索数据。国家社科基金项目来源于全国哲学社会科学工作办公室网站统计数据。图书馆学科建设人才培养数据来源于学术论文整理数据。

9.4.3 效率分析

运用 Maxdea 8 软件，分别计算出第一阶段效率、第二阶段效率和综合效率，如表 9-1 所示。

表 9-1 图书馆学科建设效率

DMU	Technical Efficiency Score（CRS）	Pure Technical Efficiency Score（VRS）	Scale Efficiency Score	RTS
2002	1	1	1	Constant
2003	0.856	1	0.856	Decreasing
2004	0.324	0.429	0.754	Decreasing
2005	0.884	1	0.884	Decreasing
2006	0.871	0.911	0.956	Decreasing
2007	0.822	0.859	0.958	Decreasing
2008	0.825	1	0.825	Decreasing
2009	0.910	1	0.910	Decreasing

DMU	Technical Efficiency Score（CRS）	Pure Technical Efficiency Score（VRS）	Scale Efficiency Score	RTS
2010	1	1	1	Constant
2011	0.833	1	0.833	Decreasing
2012	0.801	1	0.801	Decreasing
2013	1	1	1	Constant
2014	0.890	1	0.890	Decreasing
2015	0.895	1	0.895	Decreasing
平均值	0.851	0.943	0.897	

9.4.3.1 第一阶段图书馆学科建设效率分析

由表 9-1 分析可知，图书馆学科建设的综合技术效率、纯技术效率和规模效率的平均值分别为 0.851、0.943 和 0.897。整体来看这些年图书馆学科建设的技术效率和规模效率较为稳定，效率较高，纯技术效率值接近最优，规模报酬递减。

说明在保持现有的投入产出比稳定的情况下，要想达到最优值可以适度减少学科建设的规模。图书馆学科建设投入资源只需节约 5.7% 即可。

2002 年、2010 年和 2013 年，这三年的图书馆学科建设的技术效率、纯技术效率和规模效率值均为 1，处在生产的前沿，无论是学科建设投入的规模，还是产出效率上都相对合理，达到投入产出的合理配置。

2004 年的效率值最低，且规模报酬递减，意味着这一年的效率在保持投入产出比例不变的情况下至少要降低投资比例 57.1%，才能达到有效管理水平。

2005 年、2008 年、2009 年、2011 年、2012 年、2014 年、2015 年这几年的纯技术效率为 1，综合效率没达到最优，且规模报酬递减，说明这几年的效率无效是由规模投入太多引起的，应该减少投入规模。

2006 年和 2007 年，这两年效率没有达到最优值，且规模报酬递减，说明这两年的学科建设投入相对于产出来说是有冗余的，学科建设的资源没有合理利用，一方面可以减少投入；另一方面也要增加学科建设的人才培养和知识产出，达到投入产出的技术和规模有效。

9.4.3.2　第二阶段图书馆事业发展效率分析

由表 9-2 可知，图书馆事业发展的效率较高，无论是技术效率、纯技术效率还是规模效率，这些年都基本达到最优值。只有 2013 年的效率值没达到最优，且规模报酬递减，说明在投入产出比保持不变的情况下，需要适度减少图书馆事业发展规模或者增加图书馆事业发展产出，才能达到效率最优。

表 9-2　图书馆事业发展效率

DMU	Technical Efficiency Score（CRS）	Pure Technical Efficiency Score（VRS）	Scale Efficiency Score	RTS
2002	1	1	1	Constant
2003	1	1	1	Constant
2004	1	1	1	Constant
2005	1	1	1	Constant

DMU	Technical Efficiency Score（CRS）	Pure Technical Efficiency Score（VRS）	Scale Efficiency Score	RTS
2006	1	1	1	Constant
2007	1	1	1	Constant
2008	1	1	1	Constant
2009	1	1	1	Constant
2010	1	1	1	Constant
2011	1	1	1	Constant
2012	1	1	1	Constant
2013	0.99	0.995	0.995	Decreasing
2014	1	1	1	Constant
2015	1	1	1	Constant
平均值	0.999	0.999	0.999	

9.4.3.3 图书馆学科—事业整体综合效率分析

由表 9-3 可知，两阶段系统的整体综合平均效率是 0.853，整体来看学科建设与事业发展两阶段系统综合效率没有达到最优，两阶段系统综合效率平均值比图书馆事业效率值要低。平均值虽高于图书馆学科建设，但多数年份的效率值也低于图书馆学科建设效率值。这充分说明了学科建设与事业发展没有实现协调发展。但纵向看效率在稳步提升，说明二者在博弈的过程中趋向于稳定均衡的策略。

表 9-3　图书馆学科—事业两阶段系统综合效率

DMU	第一阶段效率	第二阶段效率	两阶段综合效率
2002	1	1	1
2003	0.856	1	0.883
2004	0.324	1	0.495
2005	0.884	1	0.873
2006	0.871	1	0.837
2007	0.822	1	0.785
2008	0.825	1	0.791
2009	0.91	1	0.824
2010	1	1	0.929
2011	0.833	1	0.820
2012	0.801	1	0.808
2013	1	0.99	0.967
2014	0.89	1	0.936
2015	0.895	1	1
平均值	0.851	0.999	0.853

　　2002 年、2015 年这两年的综合效率值达到最优化，说明这两年的图书馆学科与事业发展两阶段系统投入产出相对合理，资源得到合理配置，学科建设与事业协调发展得以优化。2004 年的整体效率综合值仅为 0.495，说明要保持投入产出比例不变的情况下，要想达到规模有效，至少要减少 50.5% 的投入。

9.4.4　结论

　　图书馆学科建设的效率整体较为稳定，效率没有达到最优化原因多是相对于产出规模来说，投入过剩，在保持投入产出比不变的情况下，要想优化，需要适度缩减投入规模。

图书馆事业发展效率较高，这些年的投入产出比基本得到优化。

图书馆学科—事业两阶段系统的综合效率稳中有增，但整体效率值要低于分阶段的效率值。规模效率无效的原因除投入规模过剩外，还有技术投入不足带来的效率低下。

整体来看无论是图书馆学科建设、图书馆事业发展，还是学科—事业两阶段系统的规模无效，均是规模报酬递减，意味着要想达到最优，需要减少投入和增加技术产出效率，都面临的是投入过剩。但这是相对效率评价，而造成的资源效率配置不足。实际中无论是图书馆学科建设、事业发展都面临投入不足的局面，只是相对于产出，投入过剩。因此，本书要强调的是呼吁社会对图书馆学科、事业加大投入的同时，更要做好资源的优化配置，在有限的投入中，达到资源利用的最大化。

两阶段综合效率小于单个系统运行的效率，也说明学科建设与事业发展这两阶段产业链决策主体的博弈，并没有达到均衡策略。目前的学科建设与事业发展还处于动态博弈的过程，但效率值是稳步提升的，也充分说明二者在动态博弈的过程中均衡最优策略是合作、协调发展。

9.4.5 原因

图书馆学科建设效率没有达到最优的原因在于相对于产出，投入规模过剩。数据分析表现为，2008 年以后学科建设人才和知识投入增加过快，图书馆学科建设人才从 2008 年的 2232 人，增加到 2015 年的 3029 人，年均增长 4.5%。图书馆学科建设经费从 2008 年的 14810 万元，增加到 2015 年的 28579 万元，年均增幅为 10%。而图书馆学科建设的产出，包括人才、知识等都较为稳定，尤其是人才产出，图书馆学科建设的人才培养基本稳定，且有下降的趋势。知识产出中专利成果虽有小幅增长，基金项目也有小幅增长，但 CSSCI 学术论文自 2008 年后基本稳定，保持在每年 6000 篇左右。

图书馆事业发展效率较高的原因在于，这些年图书馆事业发展取得很大成绩，产出方面表现为图书馆硬件环境建设增长较快，图书馆资源建设也取得很大成绩，图书馆社会服务也取得良好的效果。图书馆数量从 2002 年的 4093 个，增加到 2015 年的 5699 个。建筑面积从 2002 年的 582.8 万平方米，增加到 2015 年的 1301.5 万平方米，年均增长 6.4%。阅览室席数从 2002 年的 43.9 万个，增加到 2015 年的 91.1 万个，年均增长 5.8%。藏书量从 2002 年的 42683 万册，增加到 2015 年的 83844 万册，年均增长 5.3%。流通人次从 2002 年的 21950 万人次，增加到 2015 年的 58892 万人次，年均增长 7.9%。借阅次数从 2002 年的 20021 万册次，增加到 2015 年的 50896 万册次，年均增长 7.4%。借阅证数量从 2002 年的 918 万个，增加到 2015 年的 5721 万个，年均增长 15.1%。

从投入方面看，国家对图书馆事业发展投入大量的人力和财力。图书馆事业财政投入从 2002 年的 213322 万元，增加到 2015 年的 1358370 万元，年均增长 15.3%。人才投入也稳步增加。图书馆事业的投入与产出比例匹配，图书馆事业系统运行效率较高。

图书馆学科建设与事业发展作为一个整体来看，效率运行低于单个系统的效率，主要原因在于学科建设与事业发展的脱节和不协调。一方面是图书馆学事业的蓬勃发展，另一方面图书馆学教育规模不断萎缩。图书馆学教育的课程设置、学术研究与实践脱节。学科建设的成果没有很好转化为事业发展的动力投入要素。

从数据分析可知，作为中间投入产出的图书馆学科建设人才培养，数量要远远小于图书馆事业发展的人才投入，这也是学科建设人才产出不足的原因。而中间投入产出要素的知识产出也相对较小。学科建设没有为事业发展提供充足的人才支撑和知识保障。

▶ 9.5 两阶段系统效率影响因素分析

9.5.1 模型、变量、指标与数据

影响图书馆学科建设与事业发展效率的因素既有学科建设方面、事业发展方面，也有二者相互博弈的制约因素。既有经济、科技、文化、教育、政策等外部因素，也有类型、结构、规模等内部因素。

本书主要基于二者产业链关系、动态博弈等影响因素，从影响图书馆学科建设、事业发展以及二者协调发展方面选取变量。包括外部环境因素的社会需求变量，用图书馆事业从业人员与社会经济活动人口的比值表示。中间投入产出因素变量，包括学科建设的人才产出、知识产出。二者协调的变量用学科建设的人才产出与图书馆事业发展的从业人数比值表示。图书馆事业的影响因素，用图书馆事业投入、图书馆事业产出、图书馆事业发展环境、图书馆事业发展效益和图书馆事业发展新技术指标表示[①]。

以上述影响因素为自变量，以学科—事业两阶段系统综合效率为因变量，构建基于面板数据的 Tobit 回归模型如下所示。

---

① 张垒. 中国图书馆事业发展综合水平指数测度研究［J］. 大学图书馆学报，2018，36（3）：14–21.

$$y=\beta_0+\beta_1 XQ_{it}+\beta_2 RC_{it}+\beta_3 ZS_{it}+\beta_4 XT_{it}+\beta_5 SYTR_{it}+$$
$$\beta_6 SYCC_{it}+\beta_7 FZHJ_{it}+\beta_8 FZXY_{it}+\beta_9 XJS_{it}+\mu_{it}$$

其中，被解释变量 y 代表图书馆学科与事业两阶段系统的效率，解释变量 XQ、RC、ZS、XT、SYTR、SYCC、FZHJ、FZXY、XJS 分别代表社会需求、人才产出、知识产出、学科建设与事业发展协调性、图书馆事业投入、图书馆事业产出、图书馆事业发展环境、图书馆事业发展效益和图书馆事业发展新技术指标。β_0 为常数项，β_1、β_2、β_3、β_4、β_5、β_6、β_7、β_8，β_9 为各自变量的回归系数，μ_{it} 为随机扰动项。

9.5.2 回归结果分析

运用 STATA 12.0 软件进行 Tobit 回归分析，回归分析结果显示多数变量没通过显著性检验，然后用逐步回归进行分析，结果如表9-4所示。

表9-4 Tobit 回归分析结果

y	Coef.	Std. Err.	t	P>t	[95% Conf.	Interval]
XQ	818034.1	248181.8	3.30	0.016	210755.2	1425313
RC	−.0219601	.007032	−3.12	0.021	−.0391667	−.0047535
FZHJ	−3.041063	1.623129	−1.87	0.110	−7.012716	.9305906
XT	1074.277	350.7742	3.06	0.022	215.9635	1932.591
SYTR	−11.12696	4.660712	−2.39	0.054	−22.53131	.2773875
XJS	−6.224054	1.797064	−3.46	0.013	−10.62131	−1.826796
_cons	−51.485	15.8541	−3.25	0.018	−90.27858	−12.69142

社会需求、二者协调性与两阶段系统综合效率正相关，且在0.05水平上通过显著性检验。这说明社会需求会促使学科建设、事业发展

以及二者综合效率提升。随着社会需求的增加，图书馆事业发展的人才投入增加，两阶段综合效率会明显提高。图书馆学科建设与图书馆事业相互协调发展是影响两阶段综合效率的关键因素，对其有重要的正向影响，提高协调性会明显提高二者运行的效率，表现为图书馆学科建设的人才培养如果能与图书馆事业发展对人才需求相适应，两者的综合运行效率就会提高。

学科建设人才、图书馆事业投入、新技术利用等因素与两阶段综合效率负相关。这说明单纯的学科建设的人才培养以及图书馆事业发展的影响因素，并不能正向影响两阶段综合效率的提升，反而会制约其运行效率。也说明图书馆学科事业两阶段的效率低下主要原因不在图书馆事业发展的问题，图书馆事业发展过快反而会影响其综合效率提升。这也充分印证了上述效率分析中，两阶段效率中的低效率是由于图书馆事业发展规模过剩引起的。

图书馆学科建设的知识产出、图书馆事业产出、图书馆服务效益、图书馆事业发展环境等因素对两阶段综合效率的影响都不显著。这说明了要想让两阶段综合效率提升，只从影响任何一阶段的因素寻求动力是行不通的，必须保证二者之间的相互协调。

▶ 9.6 总结与讨论

本书试图探讨图书馆学科建设与图书馆事业协调一体化发展。基于产业链的视角探讨了图书馆学科建设与图书馆事业发展具有上下游产业链动态博弈的关系，构建了图书馆学科—事业两阶段系统模型，测算两阶段系统的运行效率和影响因素。目的是通过科学评价系统整体运行效率，探究影响制约运行效率的因素，以实现二者协调发展。

研究表明，构建图书馆学科建设与图书馆事业协调一体化发展评价模型是合理必要的，效率测评结果显示二者的发展并不协调一致。整体来看，图书馆事业发展的效率要高于图书馆学科建设的效率。综合评价二者协调发展的效率要低于任何一阶段发展的效率。

二者在长期互动发展过程中，存在着博弈行为，博弈的稳定均衡策略使二者协调发展。但目前并没有实现这一最优策略。体现在本书的数据研究是二者综合效率低于各阶段的效率。但综合效率纵向看是稳步提高的，趋于稳定、趋于均衡。

从制约其效率的影响因素看，社会需求和实现二者的协调发展是提高学科建设与事业发展整体效率的关键，单方面地提高任何一个阶段的投入、产出，都不能提高整体运行效率，反而会阻碍协调发展的效率。如图书馆事业发展过快，反而会阻碍整体效率提升。

本书需要讨论和反思的问题表现为，借鉴产业链视角构建的图书馆学科建设与事业发展评价理论模型是否合理、科学。图书馆学与图书馆事业毕竟不是市场主体中过分追求投入产出效益的理性经济主体。学科建设并不一定要为事业发展提供必需的人才、知识供给。图书馆事业发展获益也并不一定反哺学科建设。甚至，本书对图书馆学与图书馆事业发展关系的认知中，并不认为学科建设是事业发展的上游阶段。尽管本书给予了一定的论述和解释，但也许太单薄和牵强，学术认同还需要广泛讨论和进一步论证。但抛开理论争议，本书的实证研究至少能印证学界目前对图书馆学科建设与事业发展关系的感性认知。希望未来能在二者关系的定量研究中持续完善。

Chapter **10**

一流学科建设联动图书馆事业高质量协同发展

▶ 10.1 图书馆学科建设联动事业高质量发展机理

10.1.1 新发展理念下图书馆事业高质量现代化发展

高质量发展是新时代我国经济社会发展的重要指导思想，而随着高质量发展理念的全面深入贯彻落实，高质量发展已上升为指导国家整体发展的重要思想，也成为当前和今后各个行业发展的基本要求。当前我国图书馆事业发展正处于转型变革关键期，图书馆资源体系、服务模式、读者群体、技术力量、主题功能、社会服务都发生了全面变化，在新发展要素支撑下，图书馆事业转型变革就要贯彻新发展理念，推动图书馆事业向"创新、协调、绿色、开放、共享"等更高质量、更高效率、更加公平、更可持续发展。

经过 40 多年的改革开放，我国公共图书馆事业得到长足发展，全国公共图书馆数量从 1978 年的 1651 个，增加到了 2019 年的 3196个，公共图书馆服务体系不断完善，社区图书馆、乡村书屋、自助图书馆、24 小时图书馆、图书馆 + 书店、城市会客厅等类型体系逐步建立，但与发达国家相比、与国家快速发展需求相比、与我国人口规模相比，我国的公共图书馆事业发展质量还较低。新时代，随着国家高质量发展要求，公共图书馆发展需要处理好图书馆的粗放服务与新技术带来的精准服务、图书馆传统服务与需求的多元化、图书馆传统空间、职能定位等受到的挑战等问题[①]，需要在持续扩大规模的同时，注重追求公共图书馆事业的高质量发展。这既是时代发展对公共图书馆事业发展的需求，也是事业发展到一定阶段内生变革、内涵式发展的自我要求。公共图书馆高质量发展就要以满足人民日益增长的美好文化生活需要为根本目的，以提升服务效能作为提升人民获得感、幸福感的直接体现，坚持创新、协调、绿色、开放、共享的新发展理念。在基本实现覆盖全社会的公共图书馆文化服务体系的基础上，应当更加着力于包容性的发展，完善服务内容，扩大覆盖面，提高服务质量，实现供需平衡，构建城乡一体、区域协调、布局合理、深度融合的深度一体化、均等化、标准化、绿色化、协调化服务体系[②③④]。

高校图书馆事业高质量现代化发展也要贯彻落实"创新、协调、绿色、开放、共享"的新发展理念。创新是大学图书馆现代化发展的动力源泉，大学图书馆要以创新激发图书馆的发展活力，满足用户不

---

① 王惠君. 面向未来　创新发展 ——公共图书馆事业高质量发展思考［J］. 图书馆论坛，2021，41（2）：32-40.

② 方家忠. 公共图书馆高质量发展：实质与内涵［J］. 图书馆论坛，2021，41（2）：41-45.

③ 王世伟. "十四五"时期公共图书馆高质量发展应具备的五大指向［J］. 图书馆理论与实践，2021（1）：1-5.

④ 李国新. "十四五"时期公共图书馆高质量发展思考［J］. 图书馆论坛，2021，41（1）：12-17.

断增长和变化的需求。协同是大学图书馆现代化发展的内在需求，大学图书馆要与业内机构协作、与学校各部门合作，实现馆内不同部门之间以及资源、服务、馆员等要素之间的协同耦合，以此实现大学图书馆的全面整体发展。大学图书馆要运用绿色技术和智能技术实现"节能减排"，同时也要通过充分利用文献、空间、经费、人力等各类资源以及围绕效益目标进行资源配置和服务创新来贯彻更深层次的绿色发展理念。开放意味着图书馆资源和服务的可获得性，大学图书馆要通过资源的开放、人员的流动、思想的交汇等来维系其作为一个发展中的有机体。共享是图书馆知识服务的基本理念，推动共享是图书馆价值使命，高质量共享就要推动资源共享、知识共享、精神共享，以人民享有发展成果为宗旨。

新阶段大学图书馆高质量现代化发展要遵循高等教育战略指引，落实"双一流"建设政策，与大学现代化事业同向同行。服务学校学科建设，为优势学科、特色学科、新兴学科提供资源保障，切实提高学科服务和支撑能力。服务学校科研创新，搭建各类融入式创新支撑平台，成为学校科研创新基础设施的一部分。履行教育职能、融入学校人才培养体系，提高双创能力[①]。高校图书馆在新发展格局下的高质量发展还要构建良好的图书馆生态，理顺内外部生态中各方面的隶属、交互与协同关系，积极应对现实条件和理想目标之间的差距，还要用发展的眼光来处理现代与传统的历史关系。对于图书馆内部生态关系，要处理好各部门之间关系，强化部门之间的协作与沟通，实现

---

① 陈建龙，邵燕，张慧丽，张璐.大学图书馆现代化的前沿课题和时代命题——《大学图书馆现代化指南针报告》解读［J］.中国图书馆学报，2022，48（1）：17-28.

馆员发展与图书馆事业发展的协调统一。对于图书馆与外部生态之间关系，要以系统思维和全局视角处理好图书馆与社会之间的关系，图书馆事业发展要融入国家发展战略、融入学校发展大局，增大事业发展对社会的贡献度。

10.1.2　新发展格局下图书馆一流学科建设

（1）"双一流"背景下的图书馆一流学科建设

当前我国的高等教育在经历规模快速增长后进入新的内涵式、高质量发展阶段，国家实施"双一流"建设计划，稳妥推进一流大学、一流学科、一流专业、一流课程建设，是新时代高等教育内涵式发展的改革之路。在此发展格局下，图书馆学一流学科建设一方面是顺应强化优势特色学科建设的国家需求；另一方面也是通过高质量学科建设解决图书馆事业在新发展阶段面临矛盾的重要路径。据统计调查研究，2015 年"双一流"建设启动以来，新增或升级图书馆学本科、硕士、博士、博士后培养层次的教育单位有 39 家，撤销或停招图书馆学本科、硕士培养层次的教育单位有 10 家[①]。

图情档学科在发展过程中一直面临学科认同、学科定位、学科地位、学科特质等障碍，在"双一流"建设大背景下，图情档学科建设应该在开放学科格局下取得共识，包括明确以信息为中心的学科性质，立足"信息管理"大学科发展格局，坚持二级学科的交叉融合，

---

① 易凌，王凤姣，龚蛟腾．"双一流"背景下图书馆学学科建设综述：2015—2020［J］．大学图书馆学报，2021，39（2）：81-91．

形成联盟一体化的学科体系，建立更为广阔的学科共同体①。图书馆学科一流学科建设要强化一级学科建设的影响力，重塑学科基础理论、探究学科内生特质、整合优化资源、加强学科之间的交流，改革创新研究方法、增强学科认知能力，在保持传统图书馆学、情报学、档案学、文献学、出版学等学科协整基础上，加强数据科学、信息科学之间的跨界融合，建立起协同发展的机制，形成强劲的学科竞争力。对一级学科认同是重要基础，图书馆情报档案学一级学科更名为信息资源管理，也是推动新时代图书馆一流学科建设的重要路径。要通过学科结构布局、优化调整，在协调学科、学校、地域发展的基础上优化结构层次与区位布局，推进科学研究、服务社会与人才培养等的协同，打造图书馆优势学科新格局。

巩固优化师资队伍是推进学科建设的重要抓手。总体来看，本学科的"师资规模偏小"，同时存在师资"老化现象"与"过于年轻化带来的学科点不稳定问题"，以及学缘结构上本学科背景、本校学科背景占比过高与"国际化总体水平偏低"等问题②。图书馆学师资队伍建设既要注重规模，又要强调年龄、职称、学科背景等方面的结构层次，形成由顶尖的一流学者、领军水准的学科带头人、独当一面的学科骨干、锐意创新的青年教师组成的学科梯队。另外，学校还要推进科研教学融合，加强师德师风建设，将立德树人的根本任务贯穿于师资队伍建设。只有推动师资队伍科研水平与教学育人共同发展，才能

---

① 周林兴，徐承来. 鉴今知来：双一流背景下我国图情档学科建设探路［J］. 图书馆，2021（5）：17–24，33.

② 冯惠玲，闫慧，张姝婷，于子桐，陈思雨，高春芝，韩蕾倩，张钰浩. 中国图书情报与档案管理教育发展研究：历史与现状［J］. 中国图书馆学报，2020，46（1）：38–52.

实现图书馆学一流学科建设的长远目标。只有建立不断成长、充满活力、锐意创新的图书馆学学术共同体，才能保障图书馆学学科建设长远发展，实现图书馆学科的赓续发展。图书馆学青年学者的崛起与发展对于学科建设大有裨益。2018 年末，图书情报与档案管理一级学科的 39 位青年学者组成了图情档 39 青年学者沙龙，发出了"不忘使命，砥砺前行，精诚合作，守正拓新，千里之行，始于足下"的倡议①，体现了青年学者团体的创新活力与责任担当。学术力量的新生与迭代是学术共同体发展的源泉，也是学术研究的不竭动力，源源不断地滋养着学科建设。

（2）新时代数智驱动的图情档学科建设

随着大数据、人工智能、云计算、物联网、移动互联网、区块链、5G 等新一代技术应用，"数智"环境转变了从小数据到大数据再到智慧数据的思维观念，为图情档这个自建立以来就与文献、信息、知识、情报打交道的学科提供新的增长点和可能性。而随着数据作为重要的生产要素在学术和生产领域逐步得到共识和确认，图情档的传统优势在不断削弱，图情档学科也从传统的对数据、信息、知识、情报等信息链处理演变成专门以数据的采集、处理、分析、监管等为研究对象。随之，图情档领域蓬勃发展的数据资源建设与管理现象本质上就是图情档资源观的改变、升级和更新。可以说，在新一代"数智"环境下，图情档正在跳出过去机构资源、文献资源等固化、单一、封闭的逻辑导向，转向全新的大数据资源观、智慧数据资源

① 闫慧.青年学者论图情档一级学科核心知识及发展方向——2019 年图书情报与档案管理青年学者沙龙会议述评［J］.中国图书馆学报，2019，45（1）：121-127.

观[①]，图情档学科开始侧重云计算、可视化、信息计量、知识发现、数据挖掘等技术的应用与研究，全面智能与全面感知的应用，数据管理与数据分析技术。面向知识发现的数据智能、融通数据智能的知识发现等以数据为中心的学科研究范式的转变为图情档学科的增长提供了极大可能。数据计算、数据算法、数据素养教育、人工智能与智慧图书馆、安全大数据、科技大数据、数字记忆、新型智库服务等成为图情档学科重要研究方向和领域。

图情档在"数智"的怀抱中，逐渐从过去的"支撑者"角色向具有自我实战力的"综合体""引领者"转变。在"数智"环境影响下，图情档领域从问题域的拓展出发，在强化过去传统强项的基础上，不断开展"抢滩大战"，积极主动服务对接国家战略，如国家安全、全民阅读、国家记忆等。图情档正在"数智"赋能下加快自己"走出去"的步伐，实质性突破可期[②]。当然我们在抓住发展机遇的同时，也应该清醒认识到数智时代学科面临的挑战。如数据科学涉及信息科学、计算机科学、经济学、管理学等多学科，在学科交叉融合碰撞中图情档学科如何在吸收其他学科原理、方法的同时，保持学科内核，以及自身学科边界拓展与学科弱化、学科体系动摇等矛盾[③]。

---

① 孙建军，李阳.论情报学与情报工作"智慧"发展的几个问题［J］.信息资源管理学报，2019，9（1）：4-8.

② 孙建军，李阳，裴雷."数智"赋能时代图情档变革之思考［J］.图书情报知识，2020（3）：22-27.

③ 陆瑶，卢超，董克，夏伊彤，李文妍.从幕后到台前：数据要素化带来图情学科发展机遇与挑战［J］.图书情报知识，2021，38（6）：123-133.

10.1.3　新阶段学科建设与事业发展逻辑契合

（1）图书馆事业高质量发展需要一流学科建设支撑

新时代图书馆事业高质量发展需要新发展理念引领、新技术支撑、新基础理论指导、新人才体系架构，而这些需要一流学科建设提供的人才、技术、理论、知识等支撑体系。关于事业高质量发展的"创新、协调、绿色、开放、共享"理念，也正是指引一流学科发展的理念，两者逻辑一致。

关于图书馆事业高质量发展需要的馆员队伍，新时代需要研究型、数据型、知识型专家馆员队伍，这是数智环境下一流学科建设培养的人才定位。关于高质量发展的图书馆资源体系，新时代资源的核心是科学数据、关联数据、语义知识，这正是图书馆学一流学科建设中关于数据科学的学科内涵。关于服务创新，既要围绕强国建设目标，面向国家和学校的科技创新与决策需求，发挥大学图书馆在文献情报搜集与分析方面的优势，强化情报咨询与智库服务；又要围绕高等教育事业与学校高质量发展目标，勇于承担并充分发挥教育职能[①②]。这也是一流学科建设下要提供数据智能服务、智库服务和融入社会发展的学科建设要求。而大数据、人工智能等重要技术是推动事业高质量发展与学科一流建设的共同需求。

---

① 初景利，高春玲.新时代图书馆与图书馆学的重新认识——兼论图书馆学教育的本原回归 [J]. 图书情报工作，2020，64（1）：25–31.

② 陈建龙，邵燕，张慧丽，张璐.大学图书馆现代化的前沿课题和时代命题——《大学图书馆现代化指南针报告》解读 [J]. 中国图书馆学报，2022，48（1）：17–28.

（2）一流学科建设是图书馆事业高质量发展的内在必然要求

图书馆学是一门具有显著实践特质的社会科学，持续强化学科建设也必将助推图书馆事业快速发展。回应现实需求、服务社会发展是"双一流"建设对各门学科提出的基本要求之一，因而图书馆学学科建设必须重视作为学科母体来源的图书馆事业。图书馆既是公共文化事业的核心基础之一，也是信息社会的重要组成部分。故而图书馆学必须为文化、信息事业的发展提供理念引导与理论支撑，提出现实问题的解决方案，才能彰显学科的社会价值[①]。图书馆学学科体系构建的核心是信息与数据，以文献管理与服务、信息采集与组织、情报研究与分析、数字出版与服务、智库研究与咨询服务和数据分析与服务等图书馆新型能力作为主体课程内容。

总之，二者通过百年的实践互动，在新阶段实现了高质量发展与一流建设的逻辑契合，这种契合既有实践路径逻辑契合，也有理论逻辑契合。

▷ 10.2 学科建设协同事业高质量发展对策

10.2.1 学科建设与事业发展规划相结合，构建一体化的图书事业发展规划

促进图书馆学科建设与图书馆事业协调发展的内部因素在于二者之间人才、知识要素的调整与适配问题，而外部因素在于从政策层面

[①] 易凌，王凤姣，龚蛟腾."双一流"背景下图书馆学学科建设综述：2015—2020 [J].大学图书馆学报，2021，39（2）：81-91.

上制定二者协同发展的战略规划。表现为图书馆学科教育的规划要以促进图书馆事业发展为己任，而图书馆事业发展整体规划要包括图书馆学科教育的规划。把图书馆学科教育看成图书馆事业发展所需人力资源、理论支撑和技术创新的组成部分。

10.2.2 优化图书馆学专业人才在图书馆学科建设与事业发展中的主导作用

在图书馆学与图书馆事业发展关系中，人才是核心因素。无论是图书馆学教育提供的人才还是知识，都是推动图书馆事业发展的重要因素。而知识也来源于高素质的专业人才。因此，要强化图书馆学人才的培养，发挥其促进图书馆事业发展的主导作用。

10.2.3 学科建设精准定位，做到价值理性与工具理性的统一

图书馆学教育对图书馆事业发展具有较强的依存性，这是社会大系统的关联性影响。而图书馆学教育作为一门专业的教育，存在独特性。图书馆学教育在多年的发展与调整中要逐步认识到，学科教育只有适应图书馆事业发展的需求，才能与图书馆事业发展取得良性互动。但这不是盲目地迎合。图书馆学科只有保持理论内核体系的不变，才有其学科存在的合理性，才能在变革中不被淘汰。图书馆学与图书馆事业发展的长期关系表明，图书馆学要做到依附性与独立性的统一、工具性与价值理性的统一。

10.2.4 促进图书馆交叉学科融合和学科集群建设

图书馆学不仅要与情报学、档案学教育走向融合，更要与信息科

学、计算科学、数据科学等学科交叉融合，构建学科群，发挥学科群带来的集群效应，以解决图书馆学科教育适应迅速变化的图书馆事业发展对其要求。要借鉴别的学科集群建设对于优势特色学科、对于创新产生的集聚效应，同时也可借鉴国外 iSchools 运动对图书馆学、信息科学、计算科学等融合而产生的大学科群建设的经验，以发挥图书馆学科建设对图书馆事业的引领作用和集群效应。

10.2.5 图书馆学科建设与图书馆事业要实现协同发展

新时代的图书馆学科建设必须适应社会经济和文化发展的需要，同时必须遵循图书馆学教育自身的发展规律，保持图书馆学科的科学独立性，彰显图书馆学科建设的内部适切性，提高图书馆学科建设与图书馆事业发展的耦合度，增强学科建设的外部适切性，这是正确处理二者关系的关键。图书馆学与图书馆事业发展的关系要求转变图书馆学科建设与图书馆事业发展关系的逻辑哲学，构建二者松散耦合关系，才能使二者相互协调，共同发展。

参考文献

［1］Hernon P., Schwartz C. Library and Information Science Research: What Do We Need? ［J］. Library & Information Science Research, 1993（15）：115-116.

［2］Hennen Jr. Thomas J. Great American Public Libraries：The 2005 HAPLR Rankings ［J］. American Libraries, 2005, 36（9）：42-48.

［3］Blaise Cronin.Taking the Measures of Servise ［J］.ASLIB Proceeding, 1982（6）：273-294.

［4］Scot Nicholson.A Conceptual Framework for the Holistic Measurement and Cumulative Evaluation of Library Services ［J］.Journal of documentation, 2004（2）：164-182.

［5］Richard Orr.Measuring the Goodness of Library Service ［J］.Journal of Documentation, 1973（3）：315-352.

［6］John Carlo Bertot, Charles R. Mcclure. Outcomes Assessment in the Networked Environment：Research Questions, Issues, Considerations, and Moving Forward［J］. Library Trends, 2003（4）：590-608.

［7］A. Y. Cohen.Volunteers in Prevention：Voluntarism and Community Service as Immunization against Substance Abuse ［M］.Bethesda, MD：Potomac Press, 1991.

［8］D. Julian, A. Jones, D. Deyo.Open Systems Evaluation and the Logic Model：Program Planning and Evaluation tools ［J］. Evaluation and Program Planning, 1995, 18（4）：333-341.

［9］Fenwick, J. Managing Local Government ［M］.London：Chapman and Hall, 1995.

［10］程焕文.高涨的事业与低落的教育——关于图书馆学教育逆向发展的思考

［J］. 中国图书馆学报，2001（1）：67-70.

［11］王京山，王锦贵.对图书馆事业与图书馆学教育的重新审视［J］. 图书馆学研究，2002（5）：5-7.

［12］王子舟.中国图书馆学教育九十年回望与反思［J］. 中国图书馆学报，2009（6）：70-78，96.

［13］廖子良.图书馆学理论建设与图书馆事业建设的关系［J］. 图书馆界，1992（1）：1-5

［14］范并思，李超平.在新的信息与技术环境中感受图书馆的律动——2008 年的中外图书馆事业和理论研究［J］. 中国图书馆学报，2009，35（3）：59-73.

［15］彭斐章，谢灼华.评建国四十年来的图书馆学教育［J］. 武汉大学学报（社会科学版），1989（3）：110-115，95.

［16］白华.图书馆事业的发展与图书馆学专业教育［J］. 河南图书馆学刊，1990（1）：9-11.

［17］柯平.美国图书馆事业的现状与趋势［J］. 图书馆学研究，2001（1）：81-90.

［18］范并思.图书馆学理论道路的迷茫、艰辛与光荣——中国图书馆学暨《中国图书馆学报》六十年［J］. 中国图书馆学报，2017（1）：4-16.

［19］谭祥金.中国图书馆学教育面临的挑战与机遇［J］. 图书与情报，1994（1）：48-51.

［20］周礼智.现代图书馆事业的发展对图书馆学研究的挑战［J］. 图书馆学刊，1992（1）：7-10.

［21］毕强.悖论的价值：关于我国图书馆学教育的思辨［J］. 图书情报工作，2011（15）：32-36.

［22］杨天平.学科概念的沿演与指谓［J］. 大学教育科学，2004（1）：13-15.

［23］宣勇，凌健."学科"考辨［J］. 高等教育研究，2006（4）：18-23.

［24］翟亚军.大学学科建设模式研究［D］. 合肥：中国科学技术大学，2007.

［25］宣勇.论大学学科组织［J］. 科学学与科学技术管理，2002（5）：30-33.

［26］严东珍.高校学科建设层级互动管理系统模式的应用［J］.江苏高教，2001
　　　（6）：79-80.

［27］刘开源.高校学科建设中的若干关系探析［J］.黑龙江高教研究，2005
　　　（3）：99-101.

［28］田定湘，胡建强.对大学学科建设几个问题的思考［J］.湖南社会科学，
　　　2003（2）：114-116.

［29］张亚群.高等学校学科建设中的关系链接［J］.江苏高教，2005（5）：
　　　90-92.

［30］张雷生，辛立翔.高校学科建设模式研究［J］.中国高教研究，2006（9）：
　　　28-29.

［31］王战军，杨旭婷.世界一流学科建设评价的理念变革与要素创新［J］.中国
　　　高教研究，2019（3）：7-11.

［32］谢桂华.学位与研究生教育工作实践及思考［M］.北京：高等教育出版
　　　社，2002.

［33］潘懋元等.高等教育学［M］.福州：福建教育出版社，1995.

［34］洪世梅，方星.关于学科专业建设中几个相关概念的理论澄清［J］.高教发
　　　展与评估，2006（2）：55-57.

［35］廖湘阳，王战军.大学学科建设：学术性、建构作用与公共绩效［J］.学位
　　　与研究生教育，2006（3）：55-61.

［36］王子舟.图书馆学是什么［M］.北京：北京大学出版社，2008.

［37］苏娜.国内图书馆学研究对象之争——兼论图书馆学研究对象确立的原则
　　　［J］.情报资料工作，2007（2）：14-16，52.

［38］吴慰慈，董焱.图书馆学概论（第四版）［M］.北京：国家图书馆出版社，
　　　2019.

［39］黄宗忠.图书馆学体系的沿革与重构［J］.图书与情报，2003（3）：2-9，
　　　54.

［40］周文骏.概论图书馆学［J］.图书馆学研究，1983（3）：10-18.

［41］王子舟.关于图书馆学内容体系的探讨［J］.图书情报知识，2002（2）：

2-8.

［42］黄宗忠.图书馆学体系的沿革与重构（下）［J］.图书与情报，2003（4）：
2-5.

［43］吴慰慈，董焱.图书馆学概论（修订本）［M］.北京：北京图书馆出版社，
2002.

［44］叶鹰.图书馆学学科体系简论［J］.图书馆建设，2005（1）：22-23.

［45］于良芝.图书馆学导论［M］.北京：科学出版社，2003.

［46］范并思.论重构图书馆学基础理论的体系［J］.图书馆论坛，2007（6）：
43-48.

［47］杨晓农.图书馆学学科体系构建思想的演变与发展［J］.图书馆，2009
（4）：17-19，23.

［48］［美］J.珀利阿姆·丹顿.比较图书馆学概论［M］.龚厚泽，译.北京：书
目文献出版社，1980.

［49］刘国钧.什么是图书馆学［J］.中国科学院图书馆通讯，1957（1）：1-5.

［50］李刚，倪波.20世纪中国图书馆学的现代性与学科建制［J］.中国图书馆学
报，2002（4）：14-17.

［51］苏新宁.提升图书情报学学科地位的思考：基于 CSSCI 的实证分析［J］.
中国图书馆学报，2010（4）：47-53.

［52］王子舟.建国六十年来中国的图书馆学研究［J］.图书情报知识，2011
（1）：4-12，35.

［53］刘宇，凌一鸣.论图书馆学学科认同的构建——从学科史视角到学科制度视
角的演变［J］.图书情报工作，2011，55（19）：30-33，38.

［54］李超平.图书馆学理论视野中的图书馆事业［J］.中国图书馆学报，2017，
43（5）：21-31.

［55］陈燮君.学科学导论——学科发展理论探索［M］.上海：三联书店，1991.

［56］展立新，陈学飞.理性的视角：走出高等教育"适应论"的历史误区［J］.
北京大学教育评论，2013，11（1）：95-125，192.

［57］姚荣.应用逻辑的制度化：国家工业化与高等教育结构调整［J］.清华大学

教育研究，2015，36（5）：47-52，82.

［58］刘海兰.校地相互作用及其制度逻辑——以美国加州州立大学为例［J］.比较教育研究，2015，37（12）：42-47.

［59］［美］约翰·W.迈耶，［美］布立安·罗恩.制度化的组织：作为神话与仪式的正式结构［M］//［美］沃尔特·W.鲍威尔，［美］保罗·J.迪马吉奥.组织分析的新制度主义.姚伟，译.上海：上海人民出版社，2008.

［60］王战军，张微.新中国成立70年来我国高校学科结构调整——政策变迁的制度逻辑［J］.中国高教研究，2019（12）：36-41.

［61］黄海军.如何优化我国研究生教育学科结构［N］.光明日报，2016-04-05.

［62］王子晨.高等教育与中国经济增长关系的测度研究［D］.合肥：中国科学技术大学，2015.

［63］［美］马丁·特罗，濮岚澜等.从大众高等教育到普及高等教育［J］.北京大学教育评论，2003（4）：5-16.

［64］［日］天野郁夫.高等教育的发展阶段学说与制度类型论［J］.陈武元，译.教育研究，2003（8）：61-67.

［65］潘懋元.教育外部关系规律辨析［J］.厦门大学学报（哲学社会科学版），1990（2）：1-7.

［66］夏子贵，罗洪铁.专业变革：跨世纪人才培养的宏伟工程［M］.成都：四川教育出版社，1997.

［67］李战国，谢仁业.美国高校学科专业结构与产业结构的互动关系研究［J］.中国高教研究，2011（7）：46-49.

［68］乔学斌，姚文凡，赵丁海.互动与共变：高等教育结构、毕业生就业结构与产业结构相关性研究［J］.东南大学学报（哲学社会科学版），2013（4）：122-126.

［69］王艳玲.区域高等教育发展与产业结构优化升级的互动研究［J］.统计与决策，2013（2）：107-109.

［70］周伟，王秀芳.安徽高等教育学科专业结构与产业结构变迁的适应性研究［J］.科技管理研究，2014，34（16）：75-79.

［71］沈固朝，刘树民．涓涓成川有师承：1913—1948 年间金陵大学图书馆学教育的发展历程［J］．图书情报工作，2005（11）：139-141.

［72］范兴坤．中国大陆地区图书馆事业政策研究（1978—2008）［D］．南京：南京大学，2010.

［73］李舒琼，肖希明．新中国 70 年图书馆学成人教育的发展与展望［J］．图书与情报，2019（5）：21-29.

［74］肖希明，司莉，黄如花．我国图书馆学教育发展现状的调查分析［J］．图书情报知识，2008（1）：5-10，16.

［75］潘燕桃．中国大陆图书馆学教育发展现状及社会需求调查［J］．中国图书馆学报，2009，35（6）：29-40.

［76］郑章飞，黎盛荣，王红．中国图书馆学教育概论［M］．长沙：国防科技大学出版社，2001.

［77］肖希明，吴庆梅．改革开放以来我国图书馆学研究生教育的发展与前瞻［J］．图书馆论坛，2020，40（8）：25-33.

［78］司莉，伍丹．改革开放以来我国图书馆学教材调查与分析［J］．图书馆，2019（1）：17-21.

［79］李万健．中国图书馆学期刊的发展现状及未来取向［J］．中国图书馆学报，1999（1）：15-20.

［80］肖红凌．图书馆行业协会建设研究［J］．图书馆学研究，2007（2）：2-6.

［81］张垒．中国图书馆事业发展综合水平指数测度研究［J］．大学图书馆学报，2018，36（3）：14-21.

［82］张垒．我国图书馆学科建设与图书馆事业互动发展研究［J］．图书馆建设，2018（9）：13-17，26.

［83］武汉大学信息管理学院．武汉大学信息管理学院校友名录（1920—2010）［Z］．武汉：武汉大学信息管理学院，2010.

［84］梁建州，梁鳢如．我国图书馆学、档案学专业教育的摇篮——记武昌文华图书馆学专科学校［J］．四川图书馆学报，1996（5）：64-81.

［85］陈源蒸，张树华，毕世栋．中国图书馆百年纪事（1840—2000）［M］．北

京：北京图书馆出版社，2004.

［86］中国图书馆学会.中国图书馆学学科史［M］.北京：中国科学技术出版社，2014.

［87］裴成发，李嘉琳.20世纪的中国图书馆学教育［J］.晋图学刊，1998（4）：1-5.

［88］陈文勇.谈图书馆学交叉学科的结构与功能［J］.中国图书馆学报，1998（5）：78-81.

［89］高德耀.开展与图书馆学有关的交叉学科领域的研究是"偏差"吗？——同吴志荣同志商榷［J］.图书情报工作，1993（6）：51-52.

［90］肖希明."国史"与"图书馆史"融合的历史分期——现当代中国图书馆史分期探讨［J］.中国图书馆学报，2015（3）：15-23.

［91］戴滨.我国图书馆学正规教育的历史变迁［J］.图书情报工作，1996（5）：72-74.

［92］肖希明，温阳.改革开放以来我国多层次图书馆学教育体系的建立与发展［J］.图书馆，2019（1）：1-8.

［93］谢欢.中国图书馆学教育百年历史分期研究［J］.中国图书学报，2020，46（2）：114-125.

［94］周光礼.国家工业化与现代职业教育——高等教育与社会经济的耦合分析［J］.高等工程教育研究，2014（3）：55-61.

［95］石庆功，肖希明.新中国17年图书馆学成人教育的历史回顾与思考［J］.图书馆杂志，2020，39（5）：6-12.

［96］张树华.北京大学图书馆学系发展史［J］.图书馆杂志，1983（1）：55-58.

［97］肖希明，倪萍.新中国70年图书馆学教育的发展与变革［J］.图书与情报，2019（5）：1-12，38.

［98］倪波，郑建明.图书馆学信息学教育的发展与成就［G］//《中国图书馆学年鉴》编委会.中国图书馆年鉴1996.北京：北京图书馆出版社，1997.

［99］郑章飞.中国图书馆学教育概论［M］.长沙：国防科技大学出版社，2001.

［100］吴建中.图书馆教育的反思［J］.大学图书情报学刊，2019（2）：3-6.

［101］吴建中.高质量社会发展背景下图书馆面临的新课题［J］.图书馆建设，2018（4）：31-34.

［102］柯平.公共图书馆的使命——《公共图书馆宣言》在公共图书馆事业发展中的价值［J］.图书馆建设，2019（6）：13-19.

［103］童心.当代公共图书馆的使命传承——早期图书馆人的愿景为参照［J］.图书馆研究与工作，2019（5）：20-23.

［104］程焕文.图书馆的价值与使命［J］.图书馆杂志，2013，32（3）：4-8.

［105］苏新宁.新时代图书馆使命与未来图书馆学教育之思考［J］.中国图书馆学报，2020，46（1）：53-62.

［106］初景利，赵艳.图书馆从资源能力到服务能力的转型变革［J］.图书情报工作，2019，63（1）：11-17.

［107］初景利.嵌入式图书馆服务的理论突破［J］.大学图书馆学报，2013，31（6）：5-9.

［108］龚蛟腾.新中国三十年图书馆事业的变革与迷茫［J］.图书馆，2013（5）：29-33.

［109］徐文哲，郑建明.中国图书馆事业和城市化发展的历史分期及其关联分析［J］.图书馆学研究，2014（7）：19-24.

［110］李国新.突破"中部洼地"促进均衡发展［J］.图书馆，2016（10）：1.

［111］程焕文.岭南模式：崛起的广东公共图书馆事业［J］.中国图书馆学报，2007（3）：15-25.

［112］包平，黄江娓.我国当代公共图书馆事业发展规模研究［J］.图书馆杂志，2009（10）：12-15，22.

［113］葛霞.公共图书馆资源配置的地区差异比较与分析——以浙江、湖北、青海三省为例［J］.情报理论与实践，2009（7）：104-107.

［114］王佩.我国公共图书馆服务能力区域差异研究［J］.图书馆理论与实践，2015（6）：79-82.

［115］万莉，程慧平.我国省域公共图书馆效率测算及影响因素研究［J］.图书

馆论坛,2014(2):15-21.

[116] 谭婉玲. 新世纪科学图书馆的发展趋势 [J]. 情报资料工作,2004(5):48-50.

[117] 川崎良孝. 美国公共图书馆标准的历史变迁 [J]. 图书馆杂志,2011(7):2-7.

[118] 吴新年. 图书馆绩效评价体系研究 [J]. 图书与情报.2005(6):10-14,56.

[119] 柯平,宫平. 全国公共图书馆第六次评估的意义和特点 [J]. 图书馆建设,2016(12):4-7,14.

[120] 熊伟. 图书馆评估类型的理论重组 [J]. 图书情报工作,2006(11):127-130.

[121] 段海艳. 论公共图书馆绩效评价的主体、内容与方法 [J]. 图书馆学研究,2008(10):12-16.

[122] 黄晓英,夏有根,李哲汇. 图书馆评估指标体系与服务功能的提升——关于持续改进海南高校图书馆服务现状的思考 [J]. 图书馆论坛,2007(12):212-215,295.

[123] 金胜勇,刘雁. 图书馆评估指标体系的逻辑构建 [J]. 中国图书馆学报,2003(4):88-90.

[124] 姜晓. 图书馆绩效评估方法评析 [J]. 大学图书馆学报,2004(1):6-9.

[125] 邱远棋,李明伍,覃梦河. 基于因子分析的四川省公共图书馆事业发展水平研究 [J]. 公共图书馆,2013(4):49-51.

[126] 王树乔,王惠. 江苏省公共图书馆事业发展水平的实证分析 [J]. 农业图书情报学刊,2010(12):20-22.

[127] 阚立民. 我国各地区公共图书馆事业发展水平排序 [J]. 图书馆学研究,1998(4):14-18.

[128] 杨海玲. 区域公共图书馆事业发展水平评价 [J]. 图书馆理论与实践,2015(11):72-76.

[129] 柯平,宫平. 公共图书馆服务绩效评估模型探索 [J]. 国家图书馆学刊,

2016（6）：3-8.

［130］张荣，刘思峰，刘斌.基于离差最大化客观赋权法的一般性算法［J］.统计与决策，2007（24）：29-31.

［131］郭亚军.综合评价理论与方法［M］.北京：科学出版社，2002.

［132］肖希明.中国百年图书馆学教育与社会的互动发展［J］.中国图书馆学报，2017（3）：4-17.

［133］傅才武，张伟锋.基于DEA模型的我国县级公共图书馆服务效率研究［J］.国家图书馆学刊，2018，27（2）：26-35.

［134］沈思.基于DEA的高校图书馆图书资源配置微观效率研究［J］.科技管理研究，2011，31（9）：114-116.

［135］范红霞，刘泽隆.高校图书馆资源使用效率测定的DEA模型分析［J］.情报杂志，2008（4）：157-158.

［136］孙志静，田景梅，李新运.两阶段DEA在图书馆建设促进学科发展效率评价中的应用——基于32所教育部直属高校的实证分析［J］.图书馆，2016（9）：60-64，76.

［137］李建霞.高校图书馆二阶段绩效动态评价研究［J］.图书情报工作，2015，59（7）：61-68.

［138］王惠君.面向未来创新发展 ——公共图书馆事业高质量发展思考［J］.图书馆论坛，2021，41（2）：32-40.

［139］方家忠.公共图书馆高质量发展：实质与内涵［J］.图书馆论坛，2021，41（2）：41-45.

［140］王世伟."十四五"时期公共图书馆高质量发展应具备的五大指向［J］.图书馆理论与实践，2021（1）：1-5.

［141］李国新."十四五"时期公共图书馆高质量发展思考［J］.图书馆论坛，2021，41（1）：12-17

［142］陈建龙，邵燕，张慧丽，张璐.大学图书馆现代化的前沿课题和时代命题——《大学图书馆现代化指南针报告》解读［J］.中国图书馆学报，2022，48（1）：17-28.

［143］易凌，王凤姣，龚蛟腾 ."双一流"背景下图书馆学学科建设综述：2015—2020［J］.大学图书馆学报，2021，39（2）：81-91.

［144］周林兴，徐承来 .鉴今知来：双一流背景下我国图情档学科建设探路［J］.图书馆，2021（5）：17-24，33.

［145］冯惠玲，闫慧，张姝婷，于子桐，陈思雨，高春芝，韩蕾倩，张钰浩 .中国图书情报与档案管理教育发展研究：历史与现状［J］.中国图书馆学报，2020，46（1）：38-52.

［146］闫慧 .青年学者论图情档一级学科核心知识及发展方向——2019 年图书情报与档案管理青年学者沙龙会议述评［J］.中国图书馆学报，2019，45（1）：121-127.

［147］孙建军，李阳 .论情报学与情报工作"智慧"发展的几个问题［J］.信息资源管理学报，2019，9（1）：4-8.

［148］孙建军，李阳，裴雷 ."数智"赋能时代图情档变革之思考［J］.图书情报知识，2020（3）：22-27.

［149］陆瑶，卢超，董克，夏伊彤，李文妍 .从幕后到台前：数据要素化带来图情学科发展机遇与挑战［J］.图书情报知识，2021，38（6）：123-133.

［150］初景利，高春玲 .新时代图书馆与图书馆学的重新认识——兼论图书馆学教育的本原回归［J］.图书情报工作，2020，64（1）：25-31.